# CUSTOMIZAÇÃO EM MASSA

Edward J. Fern
Vladimir Liberzon
Kevin B. McGourty
William S. Postma
Norman S. Wolfe

# CUSTOMIZAÇÃO EM MASSA

## SEIS PASSOS PARA CONQUISTAR O CLIENTE

EDITORA ALAÚDE

Autor: Edward J. Fern

TIME-TO-PROFIT, Inc.
Mission Viejo, California

Dados Internacionais de Catalogação na Publicação (CIP)
(Câmara Brasileira do Livro, SP, Brasil)

---

Fern, Edward J.

Customização em massa : seis passos para conquistar o cliente / Edward J. Fern (e outros); [tradução Marise Goulart de Andrade]. – São Paulo : Alaúde Editorial, 2007. Título original: Six steps to the future : how mass customization is changing our world

Bibliografia
ISBN 978-85-98497-74-7

1. Administração de projetos 2. Clientes - Contatos 3. Clientes - Relacionamentos 4. Produtos novos I. Título.

07-8222 CDD-658.812

---

Índices para catálogo sistemático:
1. Clientes : Relacionamentos : Administração de empresas 658.812
2. Customização em massa : Clientes : Conquista : Administração de empresas 658.812

Editor
Antonio Cestaro

Coordenação Editorial e Revisão
Lucimara Leal

Tradução
Marise Goulart de Andrade

Preparação
Maria Sylvia Corrêa

Capa e Editoração Eletrônica
Walter Cesar Godoy

Impressão e Acabamento
EGB - Editora Gráfica Bernardi - Ltda.

Alaúde Editorial Ltda.
R. Hildebrando Thomaz de Carvalho, 60 - CEP 04012-120 - São Paulo - SP
Telefax: (11) 5572-9474 / 5579-6757
alaude@alaude.com.br www.alaude.com.br

*A Cindy, que faz minha vida valer a pena.*
*Edward Fern*

*Em memória de meus pais.*
*Vladimir Liberzon*

*A Stephanie, minha esposa, por todo seu amor, inspiração e encorajamento. A meu pai, Tom, e a muitos mentores que me transmitiram valiosas lições.*
*Kevin B. McGourty*

*A Eva. Eu não poderia desejar melhor companheira.*
*William S. Postma*

*A Jane e Lindsay, cujo amor e apoio contínuos fazem com que eu possa perseguir meus sonhos.*
*Norman S. Wolfe*

# SUMÁRIO

# TABELAS E FIGURAS

# AGRADECIMENTOS

Irina Mitrofanova, chefe do Departamento de Seminários em Negócios do Vedomosti[1], nos ofereceu a primeira oportunidade de demonstrarmos o interesse em customização em massa em um fórum público, em junho de 2002. O interesse da platéia inspirou nossos esforços em seguir adiante com este livro.

Também agradecemos a Bob Holt, Mitchell Davis e outros da Booksurge.com pela generosa contribuição com tempo, franqueza e discernimento durante nosso estudo em sua empresa de customização em massa.

Andy Ladick, Duke Page, Kirk Forney e Richard Eastman revisaram o rascunho do livro e fizeram várias correções e sugestões que contribuíram substancialmente com o texto final.

Cindy Fern foi a editora principal do projeto. Além de seu olho clínico e de sua mente questionadora, ela contribuiu com apoio, incentivo e paciência. Este livro não teria sido possível sem sua generosidade e seu trabalho árduo e meticuloso.

Ao escrever este livro, contamos com experiências pessoais, profissionais e educacionais e com relacionamentos que cobrem muitos anos. Nossos professores, colegas, funcionários e parceiros fizeram várias contribuições. Ao escrever este livro, relembramos com carinho de muitos momentos e soubemos como tivemos sorte de trabalhar com pessoas tão interessantes.

1 Vedomosti é um jornal russo que trata de assuntos econômicos. (N.E.)

# PREFÁCIO

Uma convergência das tecnologias de comunicação, industrial e de gestão produziu um modelo de negócio novo e radical que está transformando nossa percepção das próprias tecnologias e, ao mesmo tempo, o modo como os negócios devem ser conduzidos a partir de agora se as companhias quiserem progredir e crescer.

As tecnologias de comunicação aproximam as empresas de seus clientes, de seus fornecedores e de seus concorrentes. As tecnologias industriais abalaram os consagrados conceitos de padronização e economia de escala. Uma força de trabalho instruída e sofisticada tornou os princípios de Taylor[1] obsoletos. O que era gestão da produção tornou-se gestão de projetos, e a própria palavra "produto" foi radicalmente redefinida. Até mesmo o "capitalismo" de Adam Smith representa um fenômeno totalmente diferente do que significava há apenas sessenta anos.

Durante cerca de cem anos, a produção em massa foi o modelo de negócio dominante em nosso planeta. A produção em massa, no entanto, plantou as sementes de sua destruição. A eficiência da produção em massa gerou uma classe média instruída e rica. A força de trabalho competente de hoje, criada pela produção em massa de Henry Ford, é a base dos clientes exigentes atuais, satisfeitos com os produtos e serviços de sua fabricação, mas ansiosos por

1 TAYLOR, Frederick W. *The principles of scientific management.* Nova York: Harper Bross, 1911.

aquisições customizadas de acordo com seus desejos e necessidades particulares. É um grupo muito diferente daquele que Taylor poderia ter imaginado quando estabeleceu seus princípios.

Os "meios de produção" significavam terra, construções, máquinas e ativos fixos. Hoje, os meios de produção estão presentes principalmente entre um par de orelhas, na mente de indivíduos que trazem habilidades, imaginação e criatividade a seu trabalho. Na verdade, ficou incomum os trabalhadores deixarem o trabalho por causa de dinheiro. Eles estão mais propensos a admitir que a razão de sua saída deve-se ao fato de não se sentirem valorizados... um sentimento aparentemente não relacionado, ou muito pouco relacionado, com valorização financeira.

Depois de atingir o apogeu durante a Segunda Guerra Mundial, a produção em massa sofreu um declínio gradual. A partir de então, outros modelos de negócio entraram em cena e, até recentemente, era difícil identificar os possíveis candidatos a assumir a posição dominante. Alguns elementos do novo milagre têm suas raízes nos anos da guerra ou surgiram imediatamente depois dela; outros são progressos mais recentes. Embora ainda seja cedo no desenvolvimento da customização em massa para defini-los adequadamente ou descrevê-los totalmente, já é possível determinar seus elementos essenciais.

Em 1980, Toffler[2] fez a primeira referência à "produção desmassificada". Naquela época, poucas tecnologias necessárias para a customização em massa tinham se desenvolvido o suficiente. Em 1992, Davidow e Malone[3]

---

2 TOFFLER, Alvin. *The third wave.* Nova York: William Morrow, 1980.

3 DAVIDOW, William H., MALONE, Michael S. *The virtual corporation: structuring and revitalizing the corporation for the 21st century.* Nova York: Harper Business, 1992.

descreveram a estrutura de uma empresa capaz de sustentar o novo modelo de negócio. Em 1993, Pine[4] cunhou o nome "customização em massa".

*Customização em massa* é a capacidade de satisfazer determinadas necessidades e desejos de clientes individuais a preços abaixo dos preços de produtos e serviços produzidos em massa e que somente se aproximam dos desejos de muitos clientes em grandes nichos de mercado.

A customização em massa requer seis competências principais:

1. Eliminação do sacrifício do cliente
2. Projeto modular
3. Gestão da cadeia de valor
4. Produção enxuta
5. Organização de processos
6. Gestão multiprojetos

A gestão multiprojetos tem a função de fazer com que as outras competências atuem em conjunto em resposta às necessidades e aos desejos dos clientes individuais. No novo mundo da customização em massa, cada venda é um projeto. A satisfação eficiente e sem dificuldades que o cliente exige requer uma gestão de projetos eficiente e sem dificuldades. A entrega de valor ao cliente torna-se responsabilidade das equipes de processo, que devem realinhar de modo contínuo e rápido as próprias atividades para atender a essas exigências exclusivas. A tomada de decisões, a responsabilidade primária e a responsabilidade

4 PINE, Joseph B. II. *Mass customization: the new frontier of business competition.* Boston: Harvard Business School Press, 1993.

final são incumbência das equipes, e não dos indivíduos. O foco da gestão está na melhoria no processo, enquanto a gestão de pessoal está a cargo das equipes de processos, que agem coletivamente.

Embora não possamos enumerar as inovações e complexidades que foram usadas com sucesso pelas empresas de customização em massa, podemos definir uma série de seis habilidades que não são apenas comuns entre as empresas de customização em massa, mas que devem ser necessariamente comuns. As seis habilidades necessárias para o sucesso da customização em massa são:

- Capacidade de identificar e satisfazer as necessidades exclusivas de clientes individuais.
- Capacidade de integrar os produtos classe mundial de terceiros ao próprio produto ou serviço customizado.
- Capacidade de conseguir fornecedores com interesse em seu próprio sucesso.
- Capacidade de eliminar o desperdício de esforço, de espaço e de capital associados aos estoques.
- Capacidade de organizar indivíduos "competentes" e experientes em grupos de trabalho capacitados que se auto-administrem.
- Capacidade de equilibrar recursos e vários projetos a fim de ser bem-sucedido na programação.

No Capítulo 1, *Por que customização em massa?*, iremos descrever duas companhias que chegaram a empregar com sucesso o modelo de negócio de customização em massa. A primeira, a Booksurge.com, era uma novata no início de sua jornada em um ramo saturado. Ela tinha volume, tamanho, market share e lucros que ainda não eram significativos em seu ramo. A outra, a Dell Computer Corporation, surgiu como uma gigante em seu ramo, atrapalhou a maior concorrente e colocou em perigo as demais. Ela produz cerca de 15% de retorno em ativos e mais de 45% em patrimônio líquido. Depois de examinar esse novo modelo de negócios da perspectiva dessas duas empresas, veremos com mais detalhes quais são os elementos da customização em massa e como eles diferem do ambiente de produção em massa.

O compromisso é a parte mais importante da produção em massa. Por causa da economia de escala, a produção em massa deve projetar seus produtos e serviços para que atraiam mercados que possuem um grande número de clientes cujas necessidades e desejos sejam semelhantes. Se a maioria dos clientes em potencial de um novo carro de luxo querem um controle de velocidade, então o "controle de velocidade" será um equipamento "padrão" e cada cliente deve pagar por ele, quer queira, quer não. Se eu quiser ter um equipamento de som especial instalado em meu carro novo depois que ele tiver sido entregue, provavelmente terei de pagar para a loja uma taxa extra a fim de retirar o som "comum" instalado em cada carro. A customização em massa satisfaz as necessidades e desejos particulares de clientes individuais. Além disso, ela faz isso a preços que estejam abaixo dos preços dos produtos e serviços da produção em massa. O Capítulo 2, *Eliminando o sacrifício do cliente*, estará concentrado nas habilidades usadas para ouvir a voz do cliente e para prestar atenção especial às dicas que identificam o sacrifício do cliente. Elas são a chave para o sucesso.

A produção em massa prospera em um ambiente integrado verticalmente. Até a intervenção do governo, Henry Ford tinha montado uma cadeia de valor integrada verticalmente que se estendia de Mesabi Iron Range[5] até o Lago Superior

5 Mesabi Iron Range é um vasto depósito de minério de ferro localizado na região nordeste de Minnesota (N.E.).

e de Huron até Detroit, e então até onde a empresa possuía e operava negociações do produto por todo o país. O Tin Lizzie[6] era Ford do início ao fim. Ela estava disponível em "qualquer cor, desde que fosse preto". Até há pouco tempo, o novo Toyota era só 25% Toyota, enquanto um novo General Motors era até 47% GM[7]. Os clientes exigem que os produtos e serviços que eles compram cada vez mais sejam a combinação precisa das peças que eles julgam ser as melhores do mundo, não importa quem as fabrique. As empresas de customização em massa bem-sucedidas devem especializar-se em projetar interfaces que permitam que os produtos e serviços "melhores da classe" sejam perfeitamente combinados em uma experiência feita sob medida para um cliente específico. O Capítulo 3, *Projeto modular*, concentra-se nas habilidades necessárias para fazer isso de modo rápido, confiável e repetido. Em um mundo de superabundância, a flexibilidade é a única vantagem competitiva sustentável.

A produção em massa depende, para sua eficiência, de um projeto padrão que possa ser repetido de modo consistente até que cada benefício da curva de aprendizado tenha sido identificado, isolado e explorado. Para garantir o menor custo possível de cada componente e de todos eles é necessário estabelecer relacionamentos de concorrência entre os fornecedores e também com eles. Quando perguntado sobre como se sentia ao ser lançado ao espaço, um astronauta respondeu: "Tudo em que eu pensava era que o hardware que estava debaixo de mim tinha sido fabricado pelo fornecedor mais barato".

Na era da superabundância, é raro que o baixo preço dos componentes seja aquilo que mais contribua para o valor dos produtos e serviços pelos quais os clientes desejam pagar. Em vez disso, quem compra está interessado no

---

6 O Tin Lizzie foi o primeiro carro produzido em verdadeiras linhas de montagem do mundo. No Brasil, ficou conhecido como Ford Bigode.
7 Fortune, 5 set. 1994.

custo total do item comprado em todo o seu ciclo de vida, incluindo o custo de descartar o nosso produto quando seu valor já tiver sido extraído. Se isso vale para os clientes, também deve valer para os seus fornecedores e para os fornecedores desses fornecedores. Hoje em dia, as empresas de sucesso devem estar preocupadas com o impacto que os produtos de seus fornecedores terão quando incorporados aos próprios produtos. O Capítulo 4, *Gestão da cadeia de valor*, descreve como essas companhias permitem que seus fornecedores percebam o impacto de seus produtos com a mesma rapidez que elas o fazem. Os fornecedores também se beneficiam com os estoques reduzidos ou eliminados. A Dell reduziu seu estoque para quatro dias. Isso significa que ela movimenta todo seu estoque cerca de 91 vezes a cada ano. Para a Compaq, o número era cerca de catorze, e para a IBM, cerca de dez. O Capítulo 5, *Produção enxuta*, irá detalhar a implementação da gestão da cadeia de valor e a nova mentalidade que tanto os gestores como os trabalhadores do conhecimento devem ter a seu respeito.

Os estoques reduzidos também permitem a "produção enxuta". A produção enxuta é uma metodologia de fabricação por linha de montagem desenvolvida originalmente para a Toyota, para a fabricação de automóveis. Também é conhecida como Sistema Toyota de Produção. O objetivo da produção enxuta é "ter as coisas certas no lugar certo, no tempo certo, da primeira vez, reduzir o desperdício e estar aberto às mudanças". O engenheiro Taiichi Ohno, que tem o crédito de desenvolver os princípios da produção enxuta, descobriu que além de eliminar o desperdício, sua metodologia oferece um fluxo de produção aprimorado e melhor qualidade.

Em vez de empregar recursos para planejar o que seria necessário fabricar no futuro, a Toyota concentrou-se em reduzir o tempo de resposta do sistema de modo que o sistema de produção fosse capaz de mudar imediatamente e de se adaptar às exigências do mercado. Com efeito, seus automóveis tornaram-se feitos por encomenda. Os princípios da produção enxuta permitem que a empresa faça a entrega de acordo com a demanda, minimize estoques, maximize o uso de empregados com várias habilidades, nivele a estrutura de gestão e se concentre em aplicar os recursos onde eles são necessários.

A eliminação do estoque, associada à fabricação e a entregas rápidas, torna-se uma fonte importante de capital para as empresas de customização em massa. A Dell Computer costumava ter apenas quatro dias de venda em estoque e o valor de 69 dias de vendas em contas a pagar. Isso significa que um artigo médio no estoque da Dell seria vendido cerca de dezessete vezes antes que fosse pago uma vez. Como os recebíveis da Dell são apenas 29 dias de vendas, ela usa cerca de 3,4 bilhões de dólares do dinheiro de outras pessoas. O Capítulo 5 descreve os princípios da produção enxuta e como ela se relaciona com a customização em massa.

As empresas podem ser organizadas hierarquicamente de um ou dois modos. As organizações funcionais organizam as pessoas em grupos com base em seu papel na função ao realizar os negócios da empresa. Em empresas como a General Motors, encontramos os departamentos de marketing, vendas, engenharia, produção, finanças e vários outros que abrigam especialistas em algum aspecto da atividade segundo a qual seu departamento é nomeado. Uma organização planejada é uma inovação recente que tenta acompanhar o rápido ritmo das mudanças dos negócios. Mesmo nas grandes empresas como a Boeing, quase todo funcionário é designado para uma equipe de projetos e, quando o projeto estiver finalizado, o funcionário deve ser encaminhado a outro projeto ou então ser desligado.

Um número cada vez maior de empresas vem adotando uma abordagem mista, com alguns funcionários organizados funcionalmente e outros alocados em um ambiente planejado. Esse tipo de organização permitiu que a Northrop Grumman navegasse pelo perigoso caminho de desenvolvimento do Super Hornet FA-18[8]. Este projeto ficou "engavetado" por mais de um ano entre a conclusão dos protótipos e o início da produção. Sem uma organização funcional que abrigasse e absorvesse centenas de projetos pessoais, a equipe não teria permanecido coesa.

Para atingir a velocidade estonteante, necessária para reduzir os estoques para quatro dias enquanto se entregam produtos feitos sob medida em atendimento aos pedidos de milhões de dólares dos clientes, é preciso, entre outras coisas, dividir a tomada de decisões secundária em vários níveis de logística, de técnica e de complexidade organizacional. As organizações hierárquicas consomem muito tempo. O tempo faz muita diferença.

Em vez disso, nas centenas de novas empresas de customização em massa, as decisões são tomadas por equipes treinadas, diversificadas e capacitadas cujos membros prestam contas uns aos outros. As equipes, e não os indivíduos, são investidas de responsabilidade, de autoridade e de responsabilidade final em todo o processo de negócio até os limites funcionais tradicionais. Esses processos são criados rapidamente para satisfazer o cliente. Eles então são reinventados o mais rápido possível para abranger um conjunto de exigências de um cliente em especial. O Capítulo 6, *Organização do processo*, descreverá como essas organizações são formadas, como funcionam e como podem ser mantidas em um mundo de rápidas mudanças.

Os métodos de alocação de recursos costumam funcionar bem em ambientes em que os projetos apresentados são predominantemente independentes uns dos outros e não competem por recursos. Na customização em massa, no

8 Hornet FA-18 é um jato usado pelas forças aéreas de diversas nações (N.E.).

entanto, o esforço necessário para satisfazer as necessidades de um cliente, em geral, depende muito daquilo que está sendo feito para satisfazer às exigências de muitos outros clientes exclusivos. Cada projeto provavelmente demanda recursos que também estão sendo usados para satisfazer as exigências de muitos outros projetos, cada um pode depender, para seu sucesso, do resultado ou do progresso de outros projetos, e cada um pode representar ganhos valiosos para outros projetos. A otimização de um grande número de projetos, como deve ser feito na customização em massa, pode ser muito complexa. O Capítulo 7, *Gestão multiprojetos,* estará concentrado na infra-estrutura de gestão de muitos projetos, métodos, habilidades e disciplinas que tornam possível a customização em massa.

No Capítulo 8, *Conclusão,* apresentamos a nossa perspectiva sobre tudo o que temos observado e o impacto disso em nosso futuro.

CAPÍTULO 1

# POR QUE CUSTOMIZAÇÃO EM MASSA?

A customização em massa está surgindo como o padrão de negócios que, provavelmente, irá suceder a produção em massa enquanto modelo de negócios dominante no futuro. Podemos afirmar isso porque a customização em massa atende aos desafios de uma sociedade opulenta em que uma força de trabalho instruída e com muitas habilidades também constitui uma base de clientes exigente e afluente.

Escolhemos dois exemplos para representar os extremos. O primeiro é uma empresa que trabalhou durante sete anos, até ser incorporada em 2005 por uma grande parceira de seus negócios, em um ramo que existe desde 1452. O segundo é uma empresa de 23 anos em um ramo que só existe a cerca de trinta anos. Uma é de caráter privado, e a outra possui capitalização de mercado de 67 bilhões de dólares. Uma tornou-se internacionalmente conhecida, e a outra é desconhecida fora de seu ramo. No entanto, ambas representam um modo de fazer negócios que é maior que elas mesmas, seus clientes e seus fornecedores.

## Booksurge.com

A Booksurge ingressou no negócio de livros sob encomenda de modo relutante. A intenção de seus diretores era tornar-se uma editora. Seu diferencial era a capacidade de fazer publicações de maneira rápida, fácil e de tornar a experiência relativamente tranqüila para os autores. Para atingir esses objetivos, eles sentiram que seria necessário minimizar os próprios investimentos em estoques, espaço para depósitos, sistemas de acompanhamento e pessoal para gerir, selecionar e enviar os livros.

No começo de seu desenvolvimento, os executivos da Booksurge consultaram cada uma das gráficas que alegavam oferecer livros sob encomenda, isto é, que conseguiam produzir livros de modo rápido e econômico em resposta à demanda de clientes, que podia ser de quantidades tão pequenas quanto apenas um exemplar. Na verdade, o que acabaram descobrindo foi que nenhuma das gráficas era de fato uma editora de livros sob encomenda. Eram apenas microimpressoras. Conseguiam fazer cem, cinqüenta ou mesmo vinte livros a custos interessantes. Nenhuma delas, porém, podia imprimir apenas um livro de modo econômico.

Para os integrantes da Booksurge, isso significava que o pedido de um exemplar de um livro exigiria pelo menos a impressão de 25 cópias: uma para atender ao pedido do cliente e 24 desnecessárias. É claro, ninguém queria pagar por elas, nem estocá-las nem controlar esse estoque. Tampouco queriam estabelecer um negócio apenas para determinar, em resposta a um novo pedido, se o estoque seria suficiente ou se um novo lote de livros seria necessário.

Como é comum às pessoas extremamente inovadoras e empreendedoras, Bob Holt, presidente da Booksurge.com e seus sócios não compreendiam as reais implicações de seus esforços. Depois de investigar todas as possibilidades e descobrir que ninguém fazia o que eles queriam, eles se recusaram a aceitar a conclusão óbvia de que o que eles desejavam era impossível. Em vez disso, empenharam-se em uma campanha para provar que podiam fazer aquilo que empresas mais experientes e com mais recursos não podiam. Embora esta seja apenas uma evidência anedótica, pode ser que essa recusa obstinada em encarar a realidade seja uma exigência na customização em massa, assim como em outras formas de inovação. Muitas pessoas seguraram a prova do sucesso da Booksurge em suas mãos. Livros foram produzidos em 48 horas a partir do pedido do cliente. Não ficaram armazenados em um depósito, acumulando poeira e fungos, à espera de um comprador. Em vez de empatar milhares de dólares em estoque, o editor investiu dinheiro para tornar esses livros disponíveis. Além disso, nunca haverá uma razão econômica para que estes livros fiquem "esgotados". Como não é caro armazenar alguns megabytes de dados, eles podem ser reproduzidos sempre que algum leitor desejar uma cópia.

A Booksurge acaba oferecendo aos editores e autores vários recursos. Tudo é estimado para gerar lucro. Não há "promoções para desova", "pacotes de acordos" e nenhuma "enrolação". Em vez disso, o cliente fica livre para selecionar e escolher entre várias opções de pré-impressão e diversas alternativas de suporte de marketing. O cliente só paga pelas peças apropriadas à sua situação em particular. O cliente nunca é levado a fazer algum sacrifício ou a optar por um serviço desnecessário a fim de obter um outro que seja necessário.

Cada serviço que ela oferece recebe o apoio de um processo de entrega documentado. Tanto a qualidade como a pontualidade são garantidas por um processo de entrega e de produção consistentes e que podem ser repetidos.

Alguns serviços são fornecidos por meio da terceirização. A edição de texto é executada por indivíduos qualificados, geralmente professores, que recebem suas tarefas e fazem seu trabalho em uma interface na Internet. A formatação do livro e a diagramação do texto em seu formato final são feitos na Índia. A empresa customizará seus serviços de acordo com as necessidades dos clientes individuais, mas ela não oferecerá aquilo que não pode fazer bem e de modo rentável.

Os processos da Booksurge foram realizados por equipes. Os objetivos de qualidade e de pontualidade são estabelecidos e o desempenho da equipe é medido em relação a metas definidas de modo claro. Os incentivos recompensam a performance da equipe, e não dos indivíduos. Os resultados foram fenomenais. O sucesso em termos de qualidade e pontualidade ultrapassava os 99%. Quando raros erros acontecem, as equipes são motivadas a descobrir as causas. Então eles estabelecem e implementam medidas para evitar sua recorrência.

A única falha no desempenho da Booksurge estava em sua operação de vendas, que foi castigada por uma alta rotatividade de pessoas. As vendas eram gerenciadas em termos de esforço individual, e não de equipe. A Booksurge precisou então refletir sobre a seguinte questão: "Os nossos problemas de vendas são resultado de nossa falha em empregar as pessoas certas ou de nossa falha em projetar um processo que possa ser realizado por pessoas comuns?".

Os livros sob encomenda representam uma solução sensivelmente superior para autores e editores. Os benefícios são:

- O dinheiro normalmente empregado em estoques fica liberado para a promoção. Os livros e o capital que eles representam não precisam ficar em depósitos;
- O dinheiro normalmente consumido pelos espaços destinados a depósito e pelo pessoal também fica liberado para outras despesas mais produtivas;
- O tempo de 48 horas para atender a um pedido é bem menor em relação ao que os distribuidores convencionais oferecem;
- As edições revisadas de um livro não precisam ser lançadas somente depois que o estoque da edição atual tiver sido vendido;

- As devoluções são mínimas porque os livros são produzidos para atender aos pedidos dos clientes em vez de ficar nas prateleiras das livrarias;
- As "listas de reimpressão" e a questão de quando incluir um livro nela torna-se discutível. Não há uma razão econômica para que o livro se torne "esgotado".

O valor da capacidade de publicar revisões de um livro não deve ser subestimado. Em 1989, a Free Press publicou um livro de Schnaars[1] intitulado *Megamistakes*. Inspirado pelo livro *Megatrends*, de Naisbitt[2], Schnaars pretendia desacreditar as previsões de futuristas, incluindo David Sarnoff que, em 1956, elaborou um documento intitulado "Twenty years from now: a forecast" [*Daqui a vinte anos: uma previsão*]. Schnaars informava que Sarnoff estava certo em cerca de 25% de suas previsões e que, entre seus erros, estava a previsão de que o comunismo na União Soviética cairia. O Muro de Berlim caiu antes de o livro ser publicado e, em 12 de junho de 1990, a Rússia declarava formalmente seu estado de soberania, causando o fim da União Soviética. Ainda bem que *Megamistakes* está esgotado, embora a supressão de uma única sentença pudesse prolongar sua vida. Em 1990, uma revisão levaria meses. Atualmente, este trabalho é feito em poucos dias.

No paradigma da produção em massa, os custos de manter estoques de peças, partes e bens finalizados foram ignorados. O atraso era uma parte inseparável da acumulação de pedidos suficientes para justificar os custos necessários ao funcionamento da produção. A padronização era empregada para aumentar o volume e para reduzir os custos unitários. O

1 SCHNAARS, Stephen P. *Megamistakes: forecasting and the myth of rapid technological change.* Nova York: Free Press, 1989.
2 MAISBITT, John. *Megatrends: ten new directions transforming our lives.* Nova York: Warner Publications, 1982.

foco estava no projeto de produtos que tivessem o apelo mais amplo possível. O sucesso era facilmente medido em termos de market share porque a rentabilidade era uma função do volume. O marketing tratava de vender os bens e serviços que atendiam ao gosto do membro de mercado médio.

Na comunicação em massa, os estoques costumam ser um problema. De fato, os estoques negativos são geralmente a fonte do capital de giro. O tempo tornou-se um recurso precioso. Os sistemas de produção fornecem baixo custo e alta flexibilidade. O nicho de mercado tem sido substituído pelo cliente em particular, e o sucesso é medido em termos de fragmentos de mercado e das diversas variações que podem ser oferecidas. O marketing trata de vender serviços pessoais e experiências memoráveis.

## Dell Computer Corporation

Na Gestão de Projeto da Time-to-Profit[3], Edward Fern observou em um *press release* que circulou na Comdex, a maior feira de computadores pessoais em Las Vegas, Nevada:

> Nova York, 11 de novembro de 1998 – Como parte da estratégia para ampliar sua posição de liderança de participação no mercado, a Compaq Computer Corporation (NYSE:CPQ) lança hoje um esforço maciço de vendas diretas e marketing nos Estados Unidos para oferecer o máximo em opção para o cliente e em valor para os negócios em crescimento que preferem comprar de modo direto.

3 FERN, Edward J. *Time-to-Profit management: A primer for project managers in commercial product development.* Mission Valejo, Califórnia: Time-to-Profit, Inc., 1999.

Junto com esse esforço, a Compaq reprojetou a economia de seu modelo de distribuição a canais e a revendedores para oferecer ao cliente o melhor de ambas as opções – um programa direto e robusto que oferece valor adicional e um programa de revenda complementar que destaca a força da rede de revendedores Compaq ao oferecer os relacionamentos e o suporte de valor agregado que os clientes desejam.

O livro de Fern comparou a Compaq à Dell Computer e chamou a atenção para o fato de que a nova estratégia de marketing provavelmente colocaria a Compaq "na desconfortável posição de competir com os próprios canais de distribuição, os pontos de venda de varejo, dos quais depende para a maioria de seu volume de vendas".

Assim como os executivos da Compaq, a atenção de Fern estava concentrada na diferença entre as duas abordagens de distribuição. Assim como os faróis de um carro ofuscam a visão dos animais, tanto a Compaq quanto Fern falharam ao perceber o que estava acontecendo por trás das luzes brilhantes. A Dell estava se saindo muito bem e seu modelo de distribuição era só o aspecto mais visível de um modelo de negócio superior. Em 3 de maio de 2002, a Compaq deixou de existir como uma empresa autônoma.

A Figura 1.1, na página seguinte, descreve as receitas totais da Dell, Compaq e Hewlett Packard de 1996 a 2001.

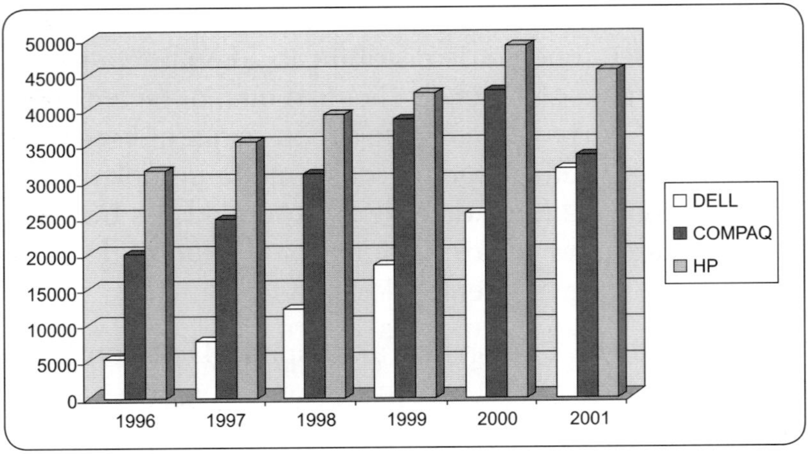


**FIGURA 1.1 RECEITAS ANUAIS DA DELL, COMPAQ E HP.**

Em 3 de maio de 2002, a Compaq e a Hewlett Packard fundiram-se. O novo nome é HPQ. Além de diferenças importantes entre essas empresas, também há uma substancial duplicação. A eliminação dessa duplicação pode, sem dúvida, ter efeitos positivos sobre a redução de custos. Tudo o que sabemos sobre economias de escala e eficiência sinergística nos diz que essa nova empresa pode ter muitas vantagens em um mercado que se concentra mais no preço do que nas características e na função.

## Infelizmente, tudo o que sabemos são meias verdades

A fusão pode também ter o efeito de reduzir receitas, uma tendência já em evidência na performance pré-fusão de ambas as empresas. Os investidores veriam a nova empresa com curiosidade e incerteza por certo tempo. A família Hewlett encenou um esforço corajoso para evitar essa fusão. Isso certamente deixara os investidores trêmulos.

No entanto, mesmo sem esses embaraços, parecia provável que o crescimento das receitas da Dell continuasse e até ultrapassasse o da HPQ. Tanto a Hewlett Packard como a Compaq foram construídas com base em um modelo de negócio que a Dell tornou obsoleto. Como veremos, as organizações funcionais, as tecnologias de projeto integradas, os métodos de marketing indireto e as técnicas de produção em massa que foram a base de tantas empresas de sucesso podem, facilmente, fazê-las cair.

Até 2001, como vemos na Figura 1.2, que descreve os ganhos das três empresas, a Compaq sozinha ainda era maior que a Dell, e a combinação pós-fusão da Compaq e HP gera receitas que são duas vezes e meia a taxa da Dell. Mas as receitas não contam a história toda.

A Compaq está numa "posição desconfortável", com os varejistas em seus últimos momentos. A maioria deles faz o trabalho de encaixotar os estoques da Compaq e de devolvê-los para a fábrica. A Compaq perdeu 2,8 bilhões de dólares no ano fiscal de 1998.

A questão é "por que, ao lançar o desafio em 1998, a Compaq não pôde competir de modo eficiente com a Dell?" A resposta é a customização em massa. Explicar esse fenômeno é o objetivo deste livro.

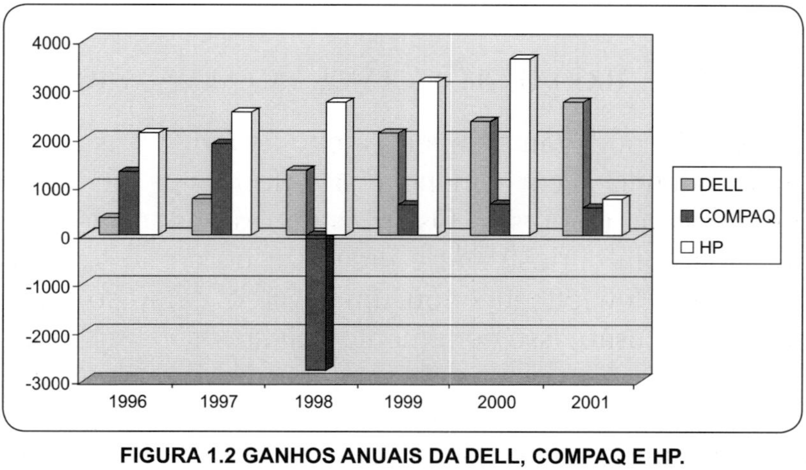


**FIGURA 1.2 GANHOS ANUAIS DA DELL, COMPAQ E HP.**

O que os executivos da Compaq chamavam de "vendas diretas maciças e esforço de marketing" era uma tentativa de imitar a diferença mais visível entre a Compaq e a Dell. Na verdade, construir relacionamentos diretos com os usuários finais é essencial para a fonte de valor crítica da customização em massa. É esse relacionamento que permite às empresas que adotam a customização em massa identificar e, em última instância, eliminar a necessidade de sacrifícios por parte dos clientes.

O que os executivos da Compaq esqueceram é que o "esforço maciço" que mostrava uma nova face da empresa ao cliente não poderia atingir seu propósito, a menos que fosse feito um esforço ainda mais maciço de reconstruir completamente a empresa que estava por trás dessa face. As companhias de customização em massa são diferentes das companhias de produção em massa em muitos aspectos. O número de diferenças cresce a cada dia. Na verdade, a capacidade das companhias de customização em massa de reinventar a si mesmas é que as torna competidoras muito devastadoras para os antigos poderosos.

CAPÍTULO 2

# ELIMINANDO O SACRIFÍCIO DO CLIENTE

## NO COMEÇO...

Antes da produção em massa, os produtos eram feitos sob encomenda e eram altamente customizados, graças ao projeto ou mesmo por acaso. Esse processo era trabalhoso e caro, e exigia um diálogo direto e um relacionamento pessoal entre o produtor e o consumidor. Com a chegada da produção em massa, os bens manufaturados tornaram-se mais disponíveis, mas com a perda da customização e da variação, o custo de um Modelo T[1] despencava enquanto o custo do carro comum do seu vizinho disparava.

A produção em massa pressupõe a padronização a baixo custo ou a flexibilidade a alto custo. Hoje em dia, no entanto, a tecnologia nos permite ter as duas coisas. As tecnologias de fabricação e os sistemas que incluem o projeto modular, a gestão da cadeia de valor e a produção enxuta, descritos nos capítulos 3, 4 e 5, mostram o caso em que a produção funciona no limite de um e pode oferecer produtos que tenham um custo próximo ou mesmo abaixo do custo dos produtos e serviços produzidos em massa.

Neste livro, discutiremos a customização em massa como estratégia para se obter clientes fiéis, duradouros e rentáveis na era da hipercompetição, em que a oferta supera a procura e em que tantos competidores competem por tão poucos clientes. A

1 Modelo T, conhecido no Brasil como Ford Bigode, foi o primeiro automóvel produzido em linhas de montagem no mundo.

hipercompetição leva à redução dos preços e, conseqüentemente, leva à comoditização dos produtos, quando a diferença de desempenho entre os produtos concorrentes produzidos em massa é desprezível e o custo de mudar de uma marca de produto para outra é mínimo. Os clientes sabem que as companhias de produção em massa competem principalmente no preço, e eles procurarão o menor valor entre os preços disponíveis, o que leva à falta de fidelidade do cliente.

## Atenda a certos requisitos exclusivos e aumente as vendas

A customização em massa é a capacidade de atender a necessidades individuais de modo eficiente ao incorporar as próprias informações do cliente sobre como ele deseja ser atendido. Ela começa com o cliente, e não com o produto, e diz respeito a descobrir os desejos exclusivos de cada cliente individual e também a responder com soluções exclusivas. É por meio da customização em massa que uma companhia se comunica com cada cliente individual. Ela cria um relacionamento fiel e lucrativo com os clientes durante toda a sua vida ao personalizar toda a experiência de produto.

Mas como uma empresa pode saber quais necessidades devem ser customizadas a fim de atender melhor o cliente? E como uma empresa pode se comunicar de modo eficiente com cada cliente individual em uma escala maciça?

Este capítulo examina essas questões ao investigar as ligações entre customização em massa e o marketing de customização em massa. Abordaremos a evolução do marketing, da produção e do comportamento social e discutiremos por que o ambiente competitivo atual e seu cenário requerem uma nova reflexão sobre o modo como vendemos aos clientes. Também discutiremos como as empresas podem aumentar sua capacidade de ouvir a voz do cliente e prestar atenção especial às suas dicas a fim de identificar o sacrifício e a concessão do cliente.

## O marketing de massa funcionava

Não causa surpresa o fato de as estratégias e técnicas de marketing estarem interligadas com a tecnologia e as mudanças sociais. Cada grande avanço da tecnologia em produção, comunicação e distribuição facilita a mudança do comportamento do cliente e permite novas oportunidades de negócio. A maquinaria da produção em massa derrubou o custo dos produtos até um valor baixo o suficiente para que quase todos pudessem comprar uma gama de novos produtos nunca vistos antes. Produtos como máquinas de costura, torradeiras e carros, assim como os bens de utilidade básica e a infra-estrutura de transporte tornaram as vendas acessíveis a uma classe média muito dispersa, que se expandia e crescia continuamente. Os clientes aceitavam com facilidade a "mesmice", desde que pudessem obter um produto oferecido.

No final do século XIX, a expansão das ferrovias e da entrega postal rural grátis criou uma ferramenta de marketing revolucionária: o catálogo de produtos por reembolso postal, o que levou à criação das empresas de vendas por reembolso postal, principalmente a Sears e a Roebuck & Company. O pedido por reembolso postal oferecia aos fazendeiros uma alternativa aos altos preços das lojas locais e o acesso a uma série de novos produtos oferecidos pela produção em massa. Hoje, nos Estados Unidos, o negócio de catálogos e de pedidos por reembolso postal representa um ramo da ordem de 1,5 trilhões de dólares.[2]

Por volta de 1930, o rádio tornou-se uma ferramenta eficiente para alcançar milhões de americanos. Até o aparecimento do rádio, a única maneira de estabelecer um "relacionamento" com um cliente era por meio do vendedor porta a porta. O surgimento das novelas (a Procter & Gamble, fabricante do sabonete Ivory, foi responsável pela primeira novela de rádio, a "Ma Perkins", veiculada em 1932) provou que o marketing de massa era uma ferramenta eficiente para a criação de uma demanda do cliente não apenas para sabonetes, mas para produtos tão diferentes como utensílios, cigarros e automóveis.

Por volta de 1950, a televisão surgiu como um meio de comunicação ainda mais importante para os profissionais de marketing influenciarem os consumidores e criarem uma demanda de mercado. Novas redes de estradas, que ligavam cidades e subúrbios, permitiram uma distribuição eficiente de bens aos novos centros populacionais. Junto com o desenvolvimento de novas técnicas na área de produção, distribuição e comunicação veio a necessidade de uniformidade, identificação e garantia. O conceito de 4Ps do marketing (product, place, promotion, price), desenvolvido por Philip Kotler[3], popularizou-se durante esse período e continua sendo uma estrutura importante nas relações entre marketing e consumidor.

A Tabela 2. 1. mostra a evolução da estrutura do marketing de 1950 até hoje.

2 DMA (Direct Marketing Association). *The United States of America: Land of opportunity.* 3 fev 2003.

3 Philip Kotlet é reconhecido como um dos economistas que mais influência teve sobre a abordagem moderna do marketing.

# Dinâmicas que impulsionam a nova realidade do marketing

Sempre avançando com rapidez, encontramos as seguintes tecnologias e realidades de marketing:

**Proliferação dos meios de comunicação** – abundância, variedade e fragmentação dos meios de comunicação em todos os locais. De acordo com Seth Godin[4], o consumidor médio vê cerca de 3 mil mensagens de marketing por dia! Um comprador é exposto a centenas de mensagens publicitárias visuais somente ao passear pelos corredores de um supermercado.

| Período (só indicativo) | Filosofia de gestão de marketing | Orientação de marketing predominante |
|---|---|---|
| 1950 - 1970 | Conceito de marketing clássico | Orientação para transação, características e valores do produto (marcas) |
| 1970-1983 | Conceito de marketing social | Orientação para grupos-alvo e outros grupos de interesse |
| 1983-1994 | Voltado ao mercado (grupos-alvo) | Orientação para grupos-alvo e comunicação individual |
| 1994-1998 | Relação com o cliente individual (o cliente pertence a um grupo-alvo homogêneo) | Orientação para o cliente, com serviços e produtos modulares |
| 1998- | Relação com o cliente individual baseada nas necessidades e nos desejos desse cliente | Orientação voltada para o cliente, para os desejos individuais/rede e para a interação com clientes e fornecedores |

**TABELA 2.1 PANORAMA DA EVOLUÇÃO DO MARKETING E DA ORIENTAÇÃO DE MARKETING[5].**

4 GODIN, Seth; PEPPERS, Don. *Permission marketing: turning strangers into friends, and friends into customers.* Nova York: Simon & Schuster, 1999.

5 MOLENARR, C.N.A. *New marketing, applications of information technology in marketing.* Kluwer Business Information, 1997.

Vivemos todos numa era tumultuada da informação. Todos os dias somos bombardeados com mensagens de marketing de muitas fontes – televisão, Internet, e-mail, marketing direto e telemarketing, jornais, revistas, rádio, outdoors e publicações comerciais. Nesse ambiente, os clientes aprenderam a driblar as mensagens de marketing. Com isso, levar a mensagem de marketing ao cliente/interessado tornou-se mais difícil à medida que o nível de ruído ao redor aumentava cada vez mais.

**Tecnologia de comunicação e de banco de dados** – A tecnologia da informação e a internet reduziram muito as restrições impostas pelo tempo e pelo espaço gastos no ato de adquirir, interpretar e agir sobre a informação. A personalização em massa, a integração dos sistemas e as tecnologias para coleta de dados criaram uma profusão de informação e oportunidade quando exploradas e gerenciadas adequadamente. A real superação se dá quando há a capacidade de consumidores e produtores criarem um diálogo direto entre si em escala maciça, 24 horas por dia, sete dias por semana (24/7).

**Hipercompetição** – A oferta supera a procura em cada produto criado no mercado, baixando os preços e colocando o controle do processo na mão do consumidor. A produtividade e a capacidade mundiais continuam a superar a demanda do consumidor. Hoje existe um excesso de produtos e serviços visando a poucos consumidores. O mercado satura-se rapidamente.

**Fragmentação do cliente** – A combinação de individualismo e poder cria segmentos de mercado consumidor cada vez mais refinados e em maior quantidade. O segmento-de um é o avanço final. Uma vez que mais categorias de produtos tornam-se personalizadas, o cliente irá esperar a customização das demais categorias.

Em meio a essas dinâmicas, o tradicional marketing de massa de "uma mensagem para todos" ainda permanece.

Ele deve ser sustentado e aprimorado por estratégias e táticas que individualizem o contato com o consumidor e que liguem as empresas aos consumidores de maneira mais duradoura e lucrativa. Isso significa aprender e responder mais rápido que a concorrência a fim de identificar e antecipar as necessidades individuais dos clientes.

## Todo cliente é exclusivo e representa um mercado único

A tecnologia nos permite ouvir o que o cliente tem a dizer. As únicas pessoas que podem dar uma dica sobre o que o cliente na verdade compra e como ele compra são os próprios clientes. No entanto, a voz do cliente normalmente não é levada em consideração nas decisões de marketing. A tradicional pesquisa de mercado (isto é, levantamentos e grupos de foco) supõe que os clientes podem ser categorizados e agrupados em grupos convenientes. As tradicionais técnicas de pesquisa de mercado decretaram a proliferação dos nichos de mercado, o que resulta em mais variedade para os clientes.

Os clientes não precisam de mais variedade. Eles precisam de mais valor. De todo modo, os clientes hoje já se deparam com escolhas em demasia. Essa superabundância de escolhas resulta em um consumidor confuso e frustrado. Os produtos de customização em massa que não são projetados para um consumidor específico só irão piorar essa situação. É fundamental que as empresas que desenvolvem competências de customização em massa desenvolvam também competências de marketing de customização em massa. A capacidade restrita das pessoas de processar as informações é um fator restritivo nos contextos de tomada de decisões. A capacidade de processar a informação, e não a própria informação, é o recurso raro. As empresas que ajudam os clientes a processar essa informação por meio de relacionamentos personalizados agregam valor ao cliente.

As novas tecnologias não só substituem a forma antiga de fazer as coisas, mas também substituem os antigos modos de pensar. O uso da nova tecnologia com o antigo modo de pensar resume-se em:

Você não precisa ouvir, mas eu posso gritar.

As mensagens difundidas para manipular o comportamento do consumidor não funcionam mais! Os consumidores estão atentos. Conhecem a conversa fiada de marketing assim que a ouvem. Estão cada vez mais céticos em relação às mensagens que os bombardeiam sem parar e não acreditam mais em marketing. Como disse David Ogilvy[6] há meio século, "os consumidores não são idiotas, portanto não os trate como tal". Gritar cada vez mais alto não fará com que eles ouçam melhor, pois eles estão saturados e não querem mais confusão ao seu redor. Enviar e-mails indesejados aos clientes e interessados é ruim para seus negócios. Os consumidores irão responder!

A tecnologia não está acabando com os relacionamentos, apenas está mudando o modo como eles se estabelecem e se mantêm. No futuro, quando todos tiverem acesso total, como será o mundo? O acesso total oferece ao consumidor e ao produtor a oportunidade de manter um diálogo direto e de desenvolver um relacionamento de aprendizado. O novo modo de pensar da empresa que aposta no marketing de customização em massa é:

6 OSENTON, Tom. *Customer share marketing, how the world´s great marketers unlock profits from customer loyalty.* Nova York: Prentice Hall, 2002.

## Eu estou ouvindo, pode falar.

As empresas que aprendem a tirar vantagem das competências one-to-one e two-way das novas tecnologias de marketing de customização em massa podem criar relacionamentos de aprendizado com seus clientes a fim de entregar produtos e experiências customizados. Mas alcançar a capacidade de customização em massa não acontece do dia para a noite. É um compromisso de longo prazo. As empresas devem se comprometer a:

**Ouvir o cliente** – Cada interação com o cliente é uma oportunidade de aprender.

**Conhecer o que o cliente diz** – Conheça o que o cliente realmente valoriza no relacionamento com sua empresa. Com o tempo, os clientes dirão o que eles realmente esperam de um relacionamento.

**Lembrar do que o cliente disse** – É preciso continuar o diálogo de onde ele parou. Se cada interação for um novo aprendizado, nunca se construirá um relacionamento de aprendizado com os clientes.

**Atender às necessidades do cliente** – É preciso atender a um cliente em particular com base exclusivamente no que ele disse nas interações com a sua empresa.

**Antecipar antes que o cliente peça** – Quando se pode antecipar o que o cliente quer antes mesmo de ele pedir, cria-se um valor fundamental para o cliente e conquista-se sua fidelidade para sempre.

Cada interação com o cliente é uma oportunidade de aprender. Novos projetos de produtos e serviços precisam absorver o conhecimento obtido nessas interações. À medida que as empresas se tornam mais aptas a aprender e a responder às preferências e exigências individuais de seus clientes, mais os clientes estarão propensos a manter seus relacionamentos por um longo tempo. Uma mudança no gerenciamento do ciclo de vida do produto para o gerenciamento do valor do cliente por um longo tempo requer que as empresas repensem a estrutura organizacional e a pretensão dos negócios. Não se trata de achar clientes para os produtos, mas sim de achar produtos para os clientes.

O marketing de customização em massa trata de cada ponto de contato entre a empresa e seu cliente, da produção, às vendas e distribuição, dos serviços ao cliente ao apoio de terceiros. Cada ponto de contato é uma oportunidade de aprendizado que dará ao cliente o que ele verdadeiramente quer em cada etapa do relacionamento. As empresas devem gerenciar a "experiência do cliente como um todo" de todos os pontos de vista.

## A TECNOLOGIA PROMOTORA DO MARKETING DE CUSTOMIZAÇÃO EM MASSA

*Não é exagero afirmar que a rede (internet) está se tornando rapidamente o maior, o mais dinâmico, o mais inquieto e o mais agitado mercado de bens, serviços e idéias jamais visto.*

Lou Gerstner
CEO da IBM
Palestra na CeBIT 98
Hanover, Alemanha

Hoje, a capacidade de ocupar-se do marketing de customização em uma escala maciça é o resultado do surgimento da internet como um canal de comunicação que está em toda parte e do rápido crescimento dos serviços de informação eletrônica e sua correspondente diminuição de custos. A integração dessas tecnologias cria a estrutura chamada de mercado eletrônico: o local de troca entre o comprador e o vendedor no ciberespaço. O mercado eletrônico é um mercado virtual, digital, onde compradores e vendedores se reúnem para comprar e vender produtos e serviços.[7]

Como descrito anteriormente, os produtos e serviços customizados requerem a interação com o cliente. Seja por meio do diálogo direto ou da análise de bancos de dados sofisticados (isto é, prospecção de dados), uma empresa de customização em massa precisa conhecer as necessidades exclusivas de um cliente individual a fim de oferecer um produto e uma experiência customizados que sejam importantes e valiosos. As aplicações do mercado eletrônico são os catalisadores que fazem a customização em massa funcionar. Elas permitem que as empresas que adotam o marketing de customização em massa se comuniquem individualmente com os clientes em uma escala maciça, em tempo real, e eficaz em termos de custo. Sem o uso da internet e das tecnologias de informação, os custos associados ao marketing e ao suporte dos produtos customizados em massa seriam impraticáveis.

Os softwares de personalização e de venda guiada (tecnologias para configuração dos produtos) são exemplos de ferramentas do marketing de customização em massa que ajudam a criar experiências one-to-one para clientes e parceiros comerciais. Se a empresa vender carros, computadores, tratores ou seguros junto com vários outros produtos altamente configuráveis, a venda guiada pode simplificar o processo de vendas.

---

7 PETER, Finger; KUMAR, Harsha; SHARMA, Tarun. *Enterprise e-commerce.* Meghan-Kiffer Press, Florida: Tampa, 2000.

A tecnologia de venda guiada fornece uma assistência de vendas inteligente e interativa e ajuda os clientes a descobrir informações sobre o produto, a compreender as opções e a tomar decisões. O software segue fundamentalmente as etapas que um vendedor experiente seguiria para guiar um interessado desde o ponto de interesse até quase a transação completa. As melhorias na precisão da gestão de pedidos, na demanda e no estoque, e uma experiência do cliente altamente diferenciada a fim de conservá-lo servem como justificativa para a implementação das tecnologias do marketing de customização em massa. Essas tecnologias podem melhorar a experiência de compra dos clientes e aumentar dramaticamente as receitas top line e a rentabilidade bottom line.

Entretanto, a implementação das tecnologias do marketing de customização em massa é só uma parte da solução. A tecnologia não pode eliminar o contato humano e a interação, mas pode melhorá-los. O contato humano é valioso e deve ser usado para ajudar nas decisões complexas e na interação. No entanto, as interações de rotina, como a entrada de um pedido e seu acompanhamento, são facilmente controladas pelas tecnologias de personalização e de venda guiada. Essas soluções em tecnologia podem fornecer mais valor ao cliente ao oferecer a ele o poder de controlar o processo de compra e a relação comercial de acordo com suas conveniências de tempo e lugar.

A Charles Schwab e a Dell Computer exemplificam como as ferramentas de personalização e as tecnologias autoguiadas podem ser usadas para aprimorar a experiência do cliente. Ambas as empresas oferecem a cada cliente um acesso importante às suas contas pessoais por meio de páginas da web personalizadas (websites voltados para bancos de dados) e suporte de call center. Na Schwab, cada cliente tem acesso e controle total para gerenciar sua carteira sem nem mesmo ter de falar com um representante, a menos que deseje. Na Dell, o cliente tem a opção de especificar a configuração de seu sistema de computação usando a venda dirigida e soluções para configuração do produto. Em 1º de novembro de 1999, Michael Dell fez o seguinte pronunciamento em discurso no Detroit Economic Club:

> ... nossa primeira atividade nesta área não teve nada a ver com aquisições. Tratava-se simplesmente do status do pedido. Os clientes ligariam para perguntar 'Onde estão meus computadores? Eu tenho cem pedidos e gostaria de saber o status dos meus cem pedidos'. Bem, aquele era um processo que levaria muito tempo. Agora nós temos uma ferramenta que informa o status do pedido e fisga os clientes para nosso sistema. Esta foi nossa primeira aplicação on-line, e eu tive 5 mil acessos por dia na primeira semana de atividade. Isso provou que nossos clientes estavam muito interessados em usar a web. Também liberou nossos clientes para que se tornassem mais produtivos e forneceu atividades de alto valor agregado. Estimamos que a economia para nossa empresa em termos de ligações evitadas foi de mais de 21 milhões de dólares. Isso nos motivou a construir uma configuração de sistema on-line que permite que o próprio cliente construa seu PC (personal computer), o que é a base de nossas vendas on-line.

## Os clientes não são recrutados do mesmo modo

Ficamos tentados a acreditar que com o avanço das tecnologias como a internet e os sistemas de gestão de conhecimentos, como prospecção de dados, uma empresa vai conseguir tratar de cada cliente como se fosse o seu cliente mais importante. Embora isso soe bem na teoria, a realidade é que a maioria, senão todas as empresas, conhece a distorção do valor do cliente, em que 80% do negócio estão atrelados a 20% de clientes, de acordo com a regra 80/20 de Pareto.[8]

A distorção do valor do cliente tende a ser maior nos modelos business-to-business (B2B) do que nos modelos business-to-consumer (B2C). A faixa relativa em valor do cliente será menor para negócios B2C como postos de gasolina, restaurantes de fast food ou loja de departamentos. Para um negócio B2B, no entanto, uma conta estratégica pode ser mais valiosa do que milhares de contas não estratégicas. As empresas de marketing de customização em massa devem procurar personalizar cada relacionamento com todos os seus clientes por meio da venda guiada e do acesso às tecnologias. Devem poupar seu recurso mais caro e precioso, os recursos humanos, para clientes mais valiosos.

Com a personalização e as tecnologias de auto-atendimento, as empresas podem preferir direcionar seus recursos mais caros para atender aos clientes mais valiosos. Tem sentido, em termos comerciais, priorizar e concentrar-se em atender as contas mais valiosas com os melhores recursos disponíveis na empresa. Não é surpresa que a Dell trate as contas estratégicas, os grandes clientes comerciais, com equipes de suporte pessoais enquanto trata seu cliente consumidor individual com tecnologias de personalização e centros de apoio ao cliente.

---

8 Vilfredo Federico Damaso Pareto observou, em 1906, que 80% das terras na Itália pertenciam a 20% da população. Mais tarde, ele observou que essa razão parecia se aplicar a outros aspectos da vida, como à horticultura: 80% de suas ervilhas eram produzidas por 20% de vagens. Depois, acabou percebendo que praticamente toda atividade econômica sujeitava-se a esse princípio.

O marketing de customização em massa tem quatro vantagens distintas: primeira, ele permite que uma empresa localize e concentre seus esforços em clientes mais valiosos, aqueles clientes que representam maior valor para a empresa. Segunda, o marketing de customização em massa permite que uma empresa encontre e identifique clientes futuros de grande valor e também um processo para promovê-los a um status superior. Terceira, o marketing de comunicação em massa permite que uma empresa preste serviços a clientes de menor valor, aqueles que não representam uma receita importante, de um modo eficaz em termos de custo ao usar auto-atendimento e tecnologias de acesso automatizado. Afinal, muitos desses clientes podem ser o futuro da empresa. Por fim, o marketing de customização em massa também facilita a identificação e a localização de clientes com os quais não vale a pena manter um relacionamento contínuo. Esses clientes não são lucrativos e afetam negativamente a capacidade da empresa de ampliar os relacionamentos mais lucrativos com clientes mais valiosos.

## Elimine o sacrifício e a concessão do cliente

A customização em massa é uma estratégia para manter e construir a fidelidade do cliente e os valores de longo prazo. Se você puder identificar as necessidades exclusivas de seus clientes e oferecer soluções customizadas que o cliente valoriza, poderá obter fidelidade a longo prazo e relacionamentos lucrativos. Mas quais são as oportunidades que as empresas podem explorar para criar mais valor por todo o período de relacionamento com os clientes? O que elas devem procurar? Como um empresário pode saber o que o cliente precisa quando o cliente não consegue dizer, seja porque ele não tem consciência delas ou não consegue articular quais são suas necessidades?

## Sacrifício do cliente

A idéia de que "o mesmo serve para todos" subentende que os clientes devem desistir de algo que desejam. Pressupõe que o produto é satisfatório, mas será mesmo? Quando um cliente é forçado a desistir de alguma coisa porque "ela é satisfatória", ele está fazendo um sacrifício. O sacrifício do cliente, segundo definição de Pine, Peppers e Rogers[9], é "a lacuna que existe entre o que cada cliente realmente quer e precisa e o que as empresas podem oferecer".

Nos mercados em expansão em que a demanda é alta, a idéia de que "o mesmo serve para todos" funciona muito bem. Mas como o mercado se desenvolve e a competição torna-se mais intensa, essa idéia transforma-se em desvantagem para a produção em massa e uma oportunidade para as empresas de customização em massa diferenciarem seus produtos e serviços dos demais ao mesmo tempo em que constroem a fidelidade do cliente.

A indústria de computadores pessoais é um exemplo de como o sacrifício do cliente foi usado pela Dell Computer para criar uma vantagem competitiva. Os PCs de um ou outro fabricante eram praticamente os mesmos. Os clientes podiam escolher a marca, mas a configuração de um ou de outro fornecedor era decidida sem a preocupação com o

---

9 PINE, Joe; PEPPERS, Don; ROGERS, Martha. Do you want to keep your customers forever? *Markets of One*, Boston: Harvard Business School, 2000.

que o cliente individual realmente queria. Tanto os grandes usuários como os novatos tinham de escolher dentre aquilo que os distribuidores de PCs tinham em estoque.

Por meio de pesquisa de mercado, os fabricantes de PCs compreenderam que em cada segmento, tal como o segmento de PCs para uso doméstico, havia vários nichos para os quais eles poderiam vender se oferecessem modelos variados. A solução lógica era criar configurações diversificadas para que o cliente pudesse escolher entre elas. No entanto, os resultados não eram tão auspiciosos quanto os fabricantes esperavam. O cliente ainda tinha de fazer sacrifícios porque os modelos pré-configurados não atendiam às suas necessidades e forçavam-nos a tomar outras decisões. Muitos compradores sentiam-se inundados por ferramentas e benefícios que iam além de sua capacidade de compreensão e processamento, e isso causava confusão e frustração.

O cliente ainda procurava pelo melhor preço e esperava estar tomando a decisão certa com base em sua limitada experiência com a tecnologia dos PCs. Entretanto, os preços continuavam a diminuir enquanto o custo de vendas continuava a aumentar para os fabricantes e parceiros de distribuição. Cada vez mais modelos lotavam os estoques e ficavam obsoletos devido aos passos rápidos da inovação tecnológica, que não parava de avançar. Os distribuidores ficavam presos a um estoque obsoleto que precisava ser vendido antes que novas versões fossem introduzidas. Os fabricantes foram forçados a aceitar de volta o estoque porque o consumidor não estava interessado em tecnologia ultrapassada.

A Dell Computer percebeu esse sacrifício do cliente e desenvolveu um sistema de pedido direto just-in-time para permitir que os clientes definissem exatamente o que precisavam e a um preço menor do que aquele que o cliente poderia encontrar ao comprar um PC pré-configurado dos principais varejistas. Por meio do website da Dell, um grande usuário poderia então encomendar um PC configurado de acordo com suas exigências exclusivas, enquanto um novato poderia selecionar a partir de uma lista de configurações recomendadas e ainda tinha a opção de encomendar facilmente a configuração da máquina indicada.

## Concessão do cliente

Uma concessão é o assentimento exigido dos clientes por todos ou pela maioria dos fornecedores de produtos ou serviços. As concessões ocorrem quando uma indústria impõe suas práticas operacionais ou restringe o cliente, deixando-o sem escolha. Ou é do jeito da indústria ou não é de jeito nenhum. E normalmente os clientes encaram as concessões como o modo de os negócios funcionarem.[10]

A concessão e o sacrifício estão à nossa volta. Já falamos que o sacrifício na indústria de PCs constrange os consumidores. A indústria de PC também oferece um excelente exemplo de concessão. Nas palavras de Walter Mossberg[11]: "Para a maioria de nós, não há um outro item que seja tão confuso, imprevisível e difícil de confiar quanto nosso computador pessoal."

Passam-se os anos, e o PC continua a ser um produto intimidador e difícil de confiar, mas os clientes continuam a aceitar concessões. A indústria tradicionalmente tem sido impulsionada pela inovação, mas o consumidor médio não precisa de máquinas mais rápidas e mais extravagantes. Eles precisam de produtos confiáveis e fáceis de usar.

---

10 STALK, George Jr.; PECAUT, David K.; BURNETT, Benjamin. Breaking compromises, Breakawaygrowth. *Markets of One*, Harvard Business School, Boston, 2000.
11 Walter Mossberg é autor de *Mossberg´s Mailbox*, uma seção regular do *Wall Street Journal*.

O crescimento das estratégias construídas em torno da idéia de acabar com as concessões e sacrifícios não é algo novo nem se limita a algumas poucas empresas em particular. No entanto, para entender tal estratégia é preciso que os gestores de uma empresa tirem da cabeça o pensamento convencional que está impregnado na sua indústria. A oportunidade de identificar e explorar concessões para um crescimento mais rápido e para uma melhor lucratividade está aí para ser aproveitada. Mas os gestores precisam entender os clientes.

## Técnicas para descobrir as concessões do cliente

**Compre do modo como o cliente compra** – Os gestores precisam experimentar aquilo que seus clientes experimentam a fim de compreender como as operações, as práticas e as restrições criam concessões.

**Preste muita atenção a como o cliente realmente usa o produto ou o serviço** – Os clientes inventam uma maneira própria de usar os produtos e serviços. Ao observar esses comportamentos compensatórios, as empresas podem identificar as oportunidades para acabar com as concessões potencialmente significativas.

**Explore as insatisfações ocultas dos clientes** – Há insatisfações que os clientes não conseguem expressar. A observação das técnicas de pesquisa de mercado, como a etnografia em pesquisa, pode ajudar a descobrir essa insatisfação oculta. O uso de produtos e serviços pela primeira vez fornece uma experiência direta de observação.

**Procure por soluções semelhantes às concessões da empresa** – Outras empresas podem melhorar os exemplos e os roteiros para identificar as concessões. Talvez empresas semelhantes tenham descoberto estratégias para acabar com as concessões que um gestor pode aplicar em seu negócio.

Acabar com as concessões e os sacrifícios requer um "pensamento aberto". Ele começa com o cliente e se esforça para alinhar a organização para que ela ofereça produtos e serviços que o cliente deseja. Trata-se de tornar melhor a experiência do cliente para que ele retorne outras vezes. Não se trata apenas de fazer negócios que facilitem a vida da empresa. Elimine concessões e sacrifícios para que os clientes aumentem sua fidelidade e façam mais negócios com você. Estabeleça concessões e corra riscos.

## ESTRATÉGIAS DE PREÇO E COMUNICAÇÃO EM MASSA

O capítulo 1 apresentou um caso de customização em massa como uma estratégia viável para alcançar um crescimento sustentável ao responder melhor às necessidades exclusivas dos clientes por meio de produtos e serviços customizados. Quanto mais personalizado e customizado o produto, mais valor ele cria para o cliente e tem, em teoria, um preço mais alto. Mas quanto o cliente deseja pagar pela personalização e customização dos produtos?

O ato de fixar um preço requer mais destreza do que a ciência, e ultimamente o que determina o nível de preço é a percepção do cliente do valor das características e dos benefícios exclusivos relativos a um concorrente. Por exemplo, para o cliente, qual seria o valor de ele poder criar sua própria tigela de cereais a cada manhã? Isso poderia ser três vezes mais caro do que um cereal não customizado? A General Mills, uma empresa de serviços alimentares de 7 bilhões de dólares, achou que tivesse a resposta correta a essa questão quando adotou uma iniciativa na web chamada "mycereal.com".

O mycereal.com permitia que os consumidores customizassem suas caixas de cereais para o café da manhã. Além de escolher a mistura de ingredientes, eles poderiam colocar um rótulo próprio na caixa. O único problema é que uma caixa de cereais customizada custava 8 dólares por caixa mais 4 dólares de frete, um total cerca de três vezes o custo médio de uma caixa de cereais produzida em massa. Não é preciso dizer que o mycereal.com não é mais oferecido pela General Mills. Embora o cereal customizado possa atrair clientes e até mesmo gerar consumidores fiéis, 300% de aumento no preço provou ser um grande obstáculo.

A customização estabelece o que Michael McGrath[12], da Pittiglio Rabin Todd & McGrath, chama de vetor de diferenciação (VOD): "Um vetor de diferenciação permite a diferenciação de um produto competitivo sustentado por contínuas melhorias ao longo de um caminho específico, com um benefício distinto ou uma proposição de valor. Esta é, sem dúvida, a estratégia competitiva de maior sucesso para as empresas de alta tecnologia".

A fixação de preços do mycereal.com excedeu o valor que o mercado estava disposto a pagar por uma caixa de cereal customizada. Isso é o que McGrath chama de proximidade de preço, e que define: "o valor que o mercado coloca no vetor de diferenciação". Se o preço exceder a esse valor, os clientes não comprarão.

---

12 McGRATH, Michael E. *Product strategy for high technology companies.* Nova York: McGraw-Hill, 2001.

A customização em massa dos produtos e serviços oferece um vetor de diferenciação para todos os ramos. Mas quando o preço relativo de um VOD excede sua proximidade de preço, o cliente rejeitará essa solução e procurará por uma outra que seja mais competitiva, mesmo que isso signifique ficar com o "é satisfatório" da concessão. A General Mills excedeu a proximidade do preço e os consumidores responderam com um "não, obrigado". A empresa poderia ter respondido abaixando a proximidade do preço a um nível em que os consumidores poderiam der dito "sim". Mas supomos que a General Mills não produziria cereal customizado em massa a um custo baixo o suficiente para competir com os cereais produzidos em massa.

No final da história, os negócios precisam alcançar um lucro sustentável. A customização em massa não muda essa realidade. O que ela faz, no entanto, é oferecer uma estratégia para criar valor por meio de um vetor de diferenciação.

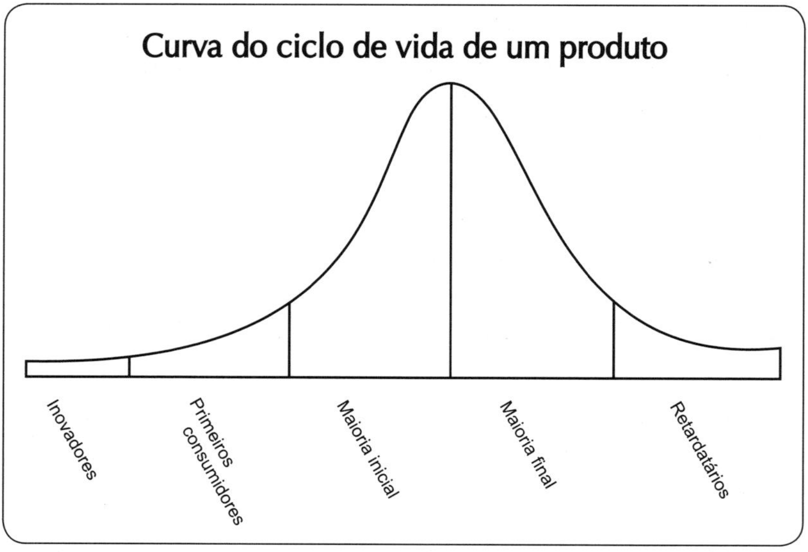


**FIGURA 2.1 CURVA DO CICLO DE VIDA DE UM PRODUTO**

# Aplicação do marketing de customização em massa

Em que ponto do ciclo de vida de um produto as empresas devem adotar a estratégia da customização em massa? A resposta depende da situação única de cada negócio. Mas é claro que os ganhos reais da customização em massa são reconhecidos durante o estágio de maturidade do ciclo de vida do produto (Figura 2.1).

Assim como com os 4Ps do marketing, os profissionais dessa área precisam aplicar o conjunto de ferramentas corretas de acordo com cada situação específica. Como é impossível manter um relacionamento, seja pessoal ou de outro tipo, com um estranho, a primeira ênfase do marketing de customização em massa deve ser nos clientes que a empresa já possui. Nas empresas, o custo de adquirir um novo cliente em relação ao custo de manter um já existente é de cerca de 5 para 1. Todas elas possuem clientes fiéis que podem comprar mais se tiverem razões importantes e fortes para fazê-lo. As soluções customizadas e personalizadas são fortes e importantes por definição.

# A customização em massa e a curva do ciclo de vida de um produto

Na customização em massa, o mix de marketing é diretamente relacionado com o ciclo de vida do produto de modo diferente dos produtos produzidos em massa.

**Introdução – Inovadores e experimentadores**: Aqueles que adoram experimentar coisas novas.

- Produto: um ou poucos. Como os consumidores também são poucos, os produtos e serviços tendem a ser customizados. As empresas tentam determiná-lo logo neste estágio.
- Promoção: pioneirismo e informação. Tentar construir a demanda. A comunicação tende a ser do tipo one-to-one. Tem início o diálogo.
- Lugar: construção dos canais de distribuição.
- Preço: altos preços ou penetração dependem da estratégia do negócio.

**Crescimento – Consumidores iniciais e maioria inicial**: Aqueles que utilizam a tecnologia antes da massa.

- Produto: as empresas querem vender tantos produtos quanto puderem, especialmente em períodos de hipercrescimento, ou o que Geoffrey More, da Chasm Group, descreve como "tornado". O tornado é um período de hipercrescimento do mercado causado pela maioria, que adota em massa uma nova infra-estrutura, tornando o paradigma anterior obsoleto. Por exemplo, o e-mail tornou tanto o fax como a entrega por correio obsoletos. Obter a participação de mercado é mais importante do que estabilizar ou customizar o produto. Simplesmente coloque no mercado tantos produtos quanto puder para ganhar a participação de mercado. Faça isso antes que o tornado passe.
- Promoção: informação e persuasão. Construa demanda seletiva em mercados-alvo. Comunique o máximo que puder. Ofereça ferramentas de auto-serviço, se puder. Inicie concentrando-se e comunicando-se no estilo one-to-one com seus principais clientes.
- Lugar: construa canais e sistemas de apoio aos relacionamentos pessoais.

- Preço: explore as proximidades de preço, se desejar, ou então parta para a concorrência.

**Maturidade – A "tendência atual"**: Aqueles que precisam de uma prova absoluta de que um novo item é seguro, confiável e bem testado.

- Produto: muitos produtos estão no mercado neste estágio, e os concorrentes medem característica a característica muito bem. A customização torna-se uma estratégia necessária e um vetor de diferenciação sustentável. Ao procurar pelos sacrifícios e concessões do cliente, é possível se sair melhor que os concorrentes ao continuar mantendo a rentabilidade do negócio.
- Promoção: seja pessoal. Concentre-se em manter os clientes por meio das técnicas do marketing de customização em massa. Concentre-se em toda a experiência do produto, incluindo cada ponto de contato e cada interação que o cliente tenha com seu produto e sua empresa.
- Lugar: forneça acesso a seus produtos e serviços por meio de vários canais. Torne fácil para o cliente encontrá-lo 24 horas por dia.
- Preço: explore as proximidades de preço, se desejar, ou então parta para a concorrência.

**Declínio das vendas – Consumidores tardios e retardatários**: Aquele que chega depois de todo mundo.

- Produto: o produto começa a declinar, as margens de preço se reduzem a um ponto em que apenas os fornecedores com as melhores estruturas de custo podem concorrer. Pode ser hora de abandonar o produto, a menos que se possa oferecer um valor ampliado em relação ao produto principal. Busque os compromissos da empresa a fim de explorar maneiras de revolucioná-lo ou de revitalizar o negócio.

- Promoção: continue sendo pessoal. Seus clientes também estão procurando maneiras de aumentar os negócios.
- Lugar: torne fácil para o cliente encontrá-lo. Preste atenção às interações e aos serviços automatizados com o cliente tanto quanto possível.
- Preço: a precificação do produto principal deve ser estabelecida de acordo com a concorrência, mas o produto como um todo e o valor que se oferece podem ser capitalizados.

## Mix do marketing de customização em massa e o ciclo de vida do cliente

Na customização em massa, o mix de marketing é algo diretamente relacionado com o ciclo de vida do cliente de um modo diferente dos produtos da produção em massa.

**Aquisição** – Tente obter clientes prospectivos.

- Crie, demande e espalhe a notícia. Coloque a boca no trombone por meio de técnicas tradicionais. Use as técnicas de comunicação verbal e disseminação da informação. Obtenha a permissão do cliente para iniciar um diálogo. Observe a interação com sua empresa. Ofereça testes e exemplos. Prenda-os e inicie o diálogo.

**Negociação** – Transforme clientes perspectivos em clientes.

- Trabalhe com os clientes perspectivos por meio do processo de compra/venda. Construa o diálogo enquanto respeita a privacidade do cliente. Forneça a ele acesso a informações e recursos para facilitar o processo de compra. Ajude-o a construir uma solução exclusiva para suas necessidades.

**Retenção** – Transforme um cliente em um cliente fiel.

- Continue o diálogo com o cliente. Ouça, aprenda, memorize e responda àquilo que o cliente realmente deseja. Faça isso mais rápido e melhor que seus concorrentes.

**Otimização** – Faça do cliente fiel um cliente para o resto da vida.

- Antecipe as necessidades do cliente e forneça soluções que agreguem valor. Procure saber a melhor forma de agregar valor a seus clientes ao oferecer-lhes novos produtos e serviços exclusivamente desenvolvidos.

# Conclusão

As forças que estão por trás da customização em massa e do marketing de customização em massa não podem ser detidas. Como foi descrito neste capítulo e o será no livro todo, a tecnologia combinada com o comportamento do cliente e suas expectativas está criando um paradigma que se desloca da produção em massa para a customização em massa. Em muitas indústrias, a tecnologia ajudou a criar produtos customizados a um custo próximo ou mesmo abaixo do custo das técnicas de produção em massa. Assim como era na suposição de qualidade *versus* custo, não se trata de "e/ou". É possível ter flexibilidade enquanto se consegue vantagem de custo.

À medida que mais companhias e empresas adotam a customização em massa e o paradigma do marketing da comunicação em massa, mais os clientes de outras empresas irão exigir o mesmo nível de serviço pessoal. As comportas estão se abrindo. Aqueles que preferirem ignorar essa tendência serão varridos do mapa como os dinossauros e as fitas cassetes. Todas as empresas precisam estar prontas para a mudança, especialmente aquelas que fornecem commodities.

Embora as commodities não possam ser customizadas, o produto que inclui todas as experiências que um cliente tem com um fornecedor pode ser customizado. Assim que uma empresa abre seus olhos para as vantagens competitivas da customização em massa e para o marketing de customização em massa, todo um novo modelo de negócio abre suas portas e cria oportunidades.

O café pode ser uma commodity na loja, mas quando a gente passa em frente da Starbucks[13], com certeza irá apreciar a patenteada "experiência Starbucks".

13 Starbucks, multinacional com a maior cadeia de cafeterias do mundo.

CAPÍTULO 3

# PROJETO MODULAR

Um pobre fazendeiro está fazendo suas tarefas diárias, quando olha o ninho de sua única galinha, descobre ali um brilhante ovo dourado. Achando ser um engano, ele deixa o ovo de lado e continua a trabalhar. Mas no fundo fica pensando: "Talvez este seja o meu dia de sorte". Então, ele pega o ovo, dá uma boa olhada e... "Nossa! O ovo é de ouro!"

O fazendeiro sente-se agraciado por sua boa sorte, especialmente quando, no dia seguinte, encontra um outro ovo no ninho da galinha. E assim, dia após dia. O fazendeiro levanta cedo, corre para o ninho e todo dia encontra um outro ovo de ouro. Ele fica muito rico e começa a pensar em aumentar sua boa sorte.

Sua ganância e impaciência levam-no a decidir que há uma saída melhor do que esperar por um ovo todo dia. Decide matar a galinha para pegar todos os ovos de uma só vez. Mas quando abre a galinha, não encontra nada. E agora ela está morta e o fornecimento diário de ovos de ouro acabou.[1]

Esta fábula antiga sugere que há dois componentes principais envolvidos na produção – o produto e o sistema de suporte da produção. Para obter sucesso, é vital buscar os dois. Na customização em massa, há o produto e há o sistema de suporte, que é composto pelos processos, pela infra-estrutura e pelas pessoas – todos concentrados em

1 Esopo. A galinha dos ovos de ouro.

atender às necessidades dos clientes, hoje e amanhã. Este capítulo trata do projeto modular e de sua função crucial de permitir a produção de produtos que atendam às necessidades do cliente a um preço competitivo.

## PROJETO DE SISTEMA

O projeto requer que se pense sobre o propósito. A falta de projeto resulta em um propósito comprometido e conseqüentemente em uma base de clientes reduzida em tamanho e em satisfação. Assim como a descrição é uma etapa inicial no desenvolvimento de um produto e o plano de projeto conduz cada projeto bem planejado, a arquitetura conduz o desenvolvimento e a possível evolução de um produto para a customização em massa. Ela permite que o propósito seja realizado e que o produto, por fim, atenda às necessidades dos clientes que foram identificadas.

## MERCADO

A customização em massa concentra-se na tendência natural do ser humano de acentuar e de suprir sua individualidade enquanto maximiza os recursos pessoais. Os clientes têm um desejo crescente de tornarem-se exclusivos e de satisfazer suas idiossincrasias, mas preferem minimizar as despesas ao atender a esses desejos. Esse individualismo é um fenômeno sociológico que tem raízes profundas na cultura ocidental e que existe hoje no mundo todo. Ao adquirir um produto ou serviço customizado às suas necessidades, o cliente alimenta seu desejo de individualidade. E ao pagar o menor preço, ele tem mais dinheiro disponível para buscar uma nova compra que se molde à sua imagem e que satisfaça suas preferências individuais.

Em qualquer projeto, é muito importante ter boas idéias para o produto e ao mesmo tempo compreender o cliente. As idéias são a parte principal do produto, pois os interesses de exclusividade e valor por parte do cliente irão moldar o projeto geral. O marketing de produtos, seja modular ou de outro tipo, é um campo vasto e não é o foco deste capítulo, mas é fundamental para o entendimento do conjunto de clientes que serão o alvo. As características do produto, do modo como são experimentadas pelo cliente precisam ser definidas e documentadas. A quantificação e a combinação das características dos produtos podem conduzir a uma arquitetura de produto de maneira que os módulos possam ser identificados para que permitam que o esforço de projeto continue sempre atendendo às necessidades conhecidas dos clientes.

Não estamos falando de você e de seu produto. Estamos falando do cliente. Seu produto customizado satisfará a que necessidades? O cliente irá valorizar o tipo de customização que o seu produto oferece? Para garantir que essas questões sejam encaradas de frente, diferentes abordagens sobre a customização devem ser consideradas. Gilmore e Pine[2] identificam quatro abordagens distintas da customização e sugerem que uma combinação dessas abordagens pode ser usada para satisfazer cada cliente. As abordagens são chamadas de colaborativas, adaptativas, cosméticas e transparentes. Vamos resumi-las:

**Colaborativas** – Os responsáveis pela customização conduzem um diálogo com os clientes individuais para

2 GILMORE, James; PINE, B. Joseph. *Markets of one, "The four faces of mass customization"*. Boston: Harvard Business School Press, 1997.

ajudá-los a exprimir suas necessidades, para identificar a oferta exata que supre essas necessidades e para produzir produtos customizados para eles.

**Adaptativas** – Os responsáveis pela customização oferecem um produto padrão, porém customizado, que é projetado para que os usuários possam modificá-lo por si próprios.

**Cosméticas** – Os responsáveis pela customização apresentam um produto padrão de modo diferente para clientes diferentes.

**Transparentes** – Os responsáveis pela customização oferecem aos clientes individuais bens e serviços exclusivos sem que eles saibam explicitamente que aqueles produtos e serviços foram customizados para eles.

Se o projeto for feito sob medida para atender à customização desejada, incluindo o nível de minúcias, não importa qual combinação de abordagens seja utilizada, pois o produto ou o serviço sempre fornecerão valor ao cliente. Este conceito – o usuário final deve ser o foco – afeta todo o processo. Todas as partes da empresa, como o projeto, a fabricação e os serviços precisam estar concentrados não só na tecnologia mais recente, no conjunto de técnicos, no fornecimento de material ou nos métodos de processos mais atuais, mas no valor para o usuário final. A "avaliação das necessidades" focada no cliente conduz a arquitetura a uma modularidade dócil que resulta em flexibilidade para atender às várias necessidades.

## ARQUITETURA

Enquanto o mercado dá forma ao "o quê", a arquitetura é o fator mais influente em "como" será feito o produto customizado em massa. A arquitetura determinará as minúcias e a extensão abrangência do produto. O dicionário Webster define arquitetura como "a formação ou construção como resultado de um ato consciente", e este é o sentido em que ela é aqui usada ao tratarmos da discussão do projeto modular de produtos e serviços. O projeto modular envolve o projeto de módulos individuais e o projeto de uma estrutura – uma arquitetura de sistema. Devido ao fato de a indústria de PC ter feito tremendos avanços na melhoria dos produtos nas últimas duas décadas, ela será usada como exemplo para ilustrar a modularização.

A maneira mais fácil de ilustrar uma arquitetura para um sistema físico é por meio do uso de um diagrama de blocos. Os blocos e suas interconexões representam o sistema. Eles só trazem os detalhes necessários para que a função e as inter-relações do restante do sistema sejam compreendidas. Para mais detalhes, um diagrama em bloco de cada função principal deve ser considerado. Esta é uma grande simplificação da arquitetura, mas permite que nos focalizemos nos aspectos de sistema do produto, sem adentrar em todos os detalhes. Cada bloco enquanto entidade separada é um módulo, muitos dos quais podem opcionalmente ser parte do produto.

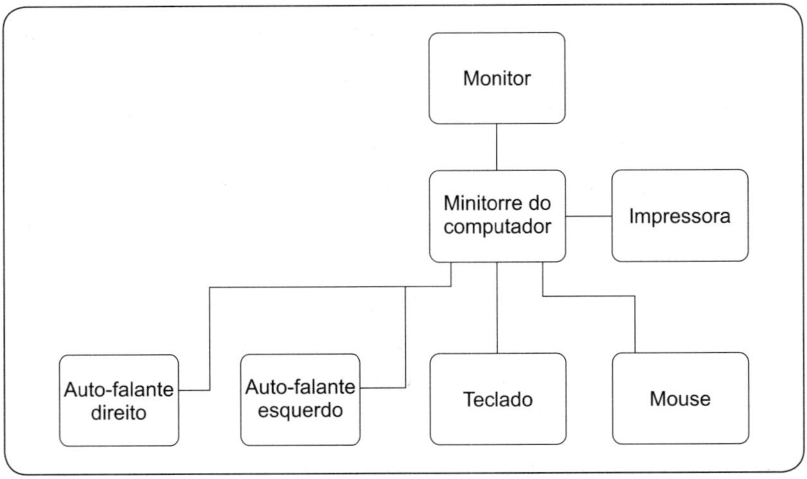


**FIGURA 3.1 DIAGRAMA DE BLOCO DE UM SISTEMA DE PC**

Cada um dos blocos é facilmente reconhecível como um módulo em um sistema de PC. Qualquer um desses blocos poderia ser decomposto em um diagrama de bloco para mais detalhes.

Baldwin e Clark definem os projetos modulares como aqueles que permitem "a construção de um produto ou processo complexo a partir de subsistemas menores que podem ser projetados independentemente mas funcionam como um todo"[3]. O PC é o exemplo completo de um sistema modular e há módulos em muitas áreas diferentes – placas adaptadoras, drives de disco rígido, monitores, programas aplicativos, sistemas operacionais etc. O notável sucesso da arquitetura do PC é uma demonstração de que uma arquitetura que permita uma grande variedade de módulos a serem combinados para as necessidades específicas de cada usuário em um grande mercado tem a capacidade de mudar o mundo.

Os módulos ou blocos interconectados têm uma interface – um modo pelo qual os módulos se relacionam uns com os outros. Se todas as características da interface forem especificadas, outros módulos podem ser projetados de forma independente, permitindo uma nova tecnologia, uma nova metodologia e novos materiais que forneçam um módulo novo e diferente. O novo módulo pode então ser usado para fazer um sistema diferente, com um conjunto de características diferentes e uma estrutura de custo diferente, e conseqüentemente oferece valor a algum outro cliente exclusivo. A chave aqui é a criação de um novo módulo. Isto é possível devido a interfaces e padrões que são descritivos e sem ambigüidades.

Se as interfaces representam o modo como um módulo se relaciona com o outro, os padrões são o modo como um módulo, ou sistema como um todo, se relaciona com outros

3 BALDWIN, Carliss Y.; CLARK, Kim B. "Managing in an age of modularity". *Markets of one.* Boston: Harvard Business School Press, 1997.

aspectos do sistema. Há muitos padrões para documentação, para interferência eletromagnética, para o grau de inflamabilidade de um material, para codificação de software, para performance e para teste de performance. Até mesmo as interfaces são padrões, em um sentido da palavra, normalmente padrões que podem ser vistos como um conjunto de módulos restritos que se relacionam com o sistema em um nível mais alto que a interface. Uma consideração de um projeto de interface, separado dos padrões, irá normalmente ser bem-sucedido porque ele permite uma atenção concentrada que resulta em um sistema mais robusto.

Até que ponto a customização deve ser considerada? A modularização do projeto permitirá a customização em massa e também ditará grande parte da arquitetura. Mas isso pode não ser fácil. Uma carta ao editor da Harvard Business Review[4] diz: "É bom perguntar quais elementos no mix de produto-mercado se quer customizar em massa. E até onde se quer customizar a cadeia de valor – no projeto, na produção, nas vendas ou nos serviços? Seja seletivo: uma boa regra prática é customizar em massa tanto quanto necessário e o mínimo possível".

A Masterfoods USA, divisão da Mars Inc., que faz os M&Ms, publicou um site on-line chamado Colorworks. O cliente poderia escolher as cores da escola para suas balas, mas o pedido mínimo era de dezoito quilos de chocolate. Em 2001, a Masterfoods respondeu à demanda por porções menores. Seu processo de produção era adaptado para produzir sacos de 230 gramas e de 2,250 quilos e para vendê-los on-line. Isso atendeu às necessidades de um nicho de mercado, mas o custo era três vezes o do produto padrão.[5] (Veja o Capítulo 2 para uma discussão sobre estratégias de preço.)

4 Harvard Business Review, mar./abr. 1994.
5 Business Week, 2 dez. 1994.

É obvio que a modularidade permite que muitas das necessidades exclusivas de um cliente sejam atendidas. Então por que todos os sistemas não possuem projetos modulares? Na verdade, o projeto modular pode ser muito difícil. No desenvolvimento de computadores, tem sido possível definir uma arquitetura e então ter módulos desenvolvidos para atender às interfaces adotadas. Mas isso só é possível devido a um alto índice de avanços tecnológicos em muitas áreas. Se comparados aos computadores, a maioria dos produtos demora muito mais para mudar. Conseqüentemente, é mais difícil corresponder aos interesses dos clientes, que estão sempre mudando.

A fim de salientar a importância da arquitetura para a modularidade, a ilustração da placa-base de um PC (isto é, a placa-mãe) é mostrada na Figura 3.2, na próxima página. As principais interfaces na placa-mãe são implementadas em silício, o que permite que ela suporte os componentes de sistemas que estão conectados de um modo consistente e confiável. O grande número de conectores acessíveis aos usuários aponta para uma grande variedade de configurações de sistema que podem ser obtidas em uma única placa-mãe.

Os que mais se destacam são os cinco conectores verticais do lado esquerdo. Eles são conectores para instalação das placas PCI que fornecem qualquer funcionalidade desejada – aceleradores de placas gráficas, placas de interface SCSI etc. Observe também três conectores horizontais usados para os módulos de memória, que permitem que o usuário instale três pentes de memória, cada um com uma opção de capacidade de memória diferente. O socket CPU, que permite várias velocidades de processamento, também está visível dentro da estrutura do ventilador, no centro da extremidade direita da figura. Fica claro a partir desta figura que a abordagem do bloco de construção do modo como ele é usado no PC pode oferecer possibilidades ilimitadas de customização de um produto desse tipo.

FIGURA 3.2 PLACA-MÃE DE UM PC

# Proprietário e aberto

A IBM introduziu o primeiro computador modular em 1964 com o anúncio do IBM System 360. Em parte sob pressão governamental, os padrões foram publicados e os preços dos componentes eram desvinculados. Com os padrões e as interfaces definidos, muitas empresas correram para produzir produtos e suprimentos que fossem compatíveis com as máquinas IBM e em alguns casos superiores a elas.

A informação sobre as interfaces e outros padrões foi apresentada como informação "disponível", enquanto a informação específica sobre as características de um módulo ficou conhecida como informação "oculta". O IBM System 360 iniciou uma era de compartilhamento de informação da arquitetura visível e permitiu que outras empresas participassem da fabricação de partes do sistema. Uma arquitetura aberta permite a concorrência, e cada um dos participantes espera obter alguma vantagem com sua experiência em alguma parte da informação "oculta" – as características exclusivas de um módulo.

Uma arquitetura proprietária é aquela controlada por uma empresa individual ou por algum corpo de padrões. A concorrência freqüentemente favorece o sistema proprietário aberto controlado por uma empresa porque o controle do comitê normalmente atrasa o processo de desenvolvimento de maneira excessiva, frustrando as empresas que tentam capitalizar com o avanço da tecnologia mais recente.

Há uma área de incerteza ao estabelecer o grau de abertura de um produto e o quanto de controle manter sobre ele. Um controle firme evita que outras empresas compartilhem de seus recursos criativos a fim de expandir a oferta do produto ao introduzir novos módulos de sistema, enquanto a falta de controle permite que a concorrência acabe com o produto. A arquitetura de PC é um exemplo de arquitetura largamente definida pelo software do sistema operacional e pelo microprocessador. Conseqüentemente, a IBM perdeu sua capacidade de controlar o desenvolvimento do PC quando deu o controle desses dois elementos à Microsoft e à Intel logo no início da história dos PCs.

# PROCESSO

O "ovo de ouro" da modularidade do produto é só uma parte da história. As outras partes são o processo e a modularidade relacionada. As áreas funcionais de projeto, compras e fabricação podem se beneficiar da modularização dos processos em seus respectivos campos. Equipes pequenas de desenvolvimento de produtos independentes e integradas são cada vez mais usadas de modo que a gestão da empresa possa se concentrar em questões estratégicas de formação de equipes e distribuição de recursos de acordo com a necessidade. Essas equipes de desenvolvimento integradas, com a representação de áreas funcionais diferentes, são uma excelente atitude para lidar com questões de processos. A divisão entre trabalho interno e subsistemas ou serviços terceirizados, bem como a esquematização do chão de fábrica com flexibilidade a mudanças e com taxas de operação ou outros parâmetros de produtividade, são todos assuntos próprios das equipes de desenvolvimento, à medida que elas se concentram na flexibilidade necessária para fornecer o produto customizado a um preço correto.

As técnicas de produção em massa e os sistemas de qualidade associados foram o foco da produção no século XIX. A metodologia de aprimoramento contínua atingiu um nível de qualidade até o ponto em que a qualidade agora é tida como não negociável. No entanto, o foco na melhoria contínua sempre questionou o projeto – tanto do produto como do processo. Com a customização em massa, o foco muda. A arena da produção ainda é crítica, mas a questão número 1 precisa ser: o que mais pode ser feito para satisfazer o cliente final?[6] O foco mudou para o cliente, e esta não é uma área sobre a qual a empresa tem um controle significativo.

Os métodos e processos desenvolvidos durante a melhoria contínua ainda são aplicáveis, mas são usados no contexto de identificação de novas oportunidades de atender às necessidades dos clientes. Modelos e listas de verifica-

6 PINE, B. Joseph II; VICTOR, Bart; BOYNTON, Andrew C. "Making Mass Customization Work". *Markets of one.* Boston: Harvard Business School Press, 1993.

ção podem ser encarados como ferramentas de controle de qualidade modulares, e podem ser inestimáveis para garantir que o produto seja fiel às especificações requeridas e que o processo de fabricação esteja "no controle". Com os processos definidos e apoiados por modelos e listas de verificação, há uma base adequada para uma revisão e uma melhoria convenientes a fim de garantir o foco nas necessidades do cliente.

Por fim, as sessões de "lições aprendidas", uma técnica básica da metodologia de gestão de projetos, pode manter o propósito do produto diretamente voltado para as necessidades do cliente. Esta atividade é mais valiosa quando realizada durante toda a duração de um projeto, com módulos pequenos de "lições aprendidas" absorvidas e disponibilizadas para implementação imediata. Cada função do produto, cada interface e cada parte do processo de desenvolvimento devem ser continuamente reavaliadas de modo que o "valor para o cliente" e as novas maneiras de fornecer isso fiquem visíveis. Toda a criatividade inerente às diversas equipes que tocam o produto deve ser invocada para satisfazer aos interesses do cliente.

# Projeto de módulo

Aprenda com o líder. A Dell popularizou tanto o conceito de customização em massa que o nome "Dell" tornou-se um verbo. Em inglês, "to Dell" significa que o usuário final pode pedir um sistema customizado ao selecionar primeiro uma plataforma e então selecionar os módulos que fornecerão as capacidades e serviços desejados. Esse sistema não será construído até que o pedido tenha sido feito. Este conceito é por si só muito simples. No entanto, as minúcias das plataformas básicas e a escolha de módulos selecionáveis contribuirão muito, no final, para a determinação do sucesso do negócio.

## A Dell é sua

Dê uma olhada no website da Dell, www.dell.com. Se alguém quiser comprar um computador de mesa para sua casa, poderá escolher entre quatro plataformas – que variam desde a performance máxima até a mais acessível (os principais diferenciadores são processador, velocidade de memória e capacidade do chassi). Depois de selecionar o modelo de seu sistema, pode-se partir para a seleção dos módulos ao clicar em "Customizar". A plataforma é selecionada primeiro porque ela fornece a infra-estrutura para a expansão do sistema. A seguir, são selecionadas as características de performance interna, as características de expansão e as opções de serviço.

A customização começa quando se seleciona a velocidade do processador, o lote de software, as características de áudio e vídeo, o plano de serviço e suporte, a capacidade de memória, a capacidade do disco rígido e outros módulos periféricos e de serviços. O resultado na rede, depois de mais de três dúzias de opções, é um sistema final verdadeiramente customizado para atender às necessidades do cliente.

## Projeto de PC

Uma parte integral da plataforma é a placa eletrônica básica, denominada placa-base ou placa-mãe. Ela contém o processador, a memória e todo o circuito principal para operar o sistema. Como o PC evoluiu e como a lei de Moore[7] continua a permitir que mais transistores sejam colocados em um chip de silício, cada vez menos componentes com mais funcionalidade precisam ser montados na placa-base. O tamanho dessa placa em muitos casos é determinado não pela quantidade de componentes eletrônicos, mas pelas interconexões mecânicas a serem feitas.

A placa-base é o ponto de coleção de todas as funções do sistema e fornece as várias interfaces que são usadas para fazer o PC tão expansível. É importante ter em mente que a conformidade aos padrões da indústria do PC de todas essas interfaces é a grande razão da expansibilidade.

A placa-base também permite a conexão de funcionalidade de um usuário instável. As três funções mais comuns são os slots para expansão da memória, os slots para expansão de barramento e a capacidade de expansão do armazenamento. Há um pequeno custo associado com o fornecimento dessa capacidade de expansão porque a expansão de memória requer conectores para fixação dos pentes na placa-base, a expansão de armazenamento requer cabos de dados e de energia e a expansão da placa de função requer conectores para prender os slots PCI, ISA ou outros mais recentes. É óbvio, se o custo incremental para permitir a expansão fosse alto, cada sistema de baixo custo representaria uma desvantagem de custo significativa. As pressões da concorrência rapidamente forçariam uma reavaliação da estrutura de custo e uma expansão fácil por meio da adição de módulos seria sacrificada. Esta última categoria, os slots para expansão de barramento do tipo ISA, PCI e

7 A lei de Moore não é uma lei física, mas sim uma demonstração do progresso histórico no campo dos circuitos integrados. Ela declara que o número de transistores que podem ser colocados em um chip de silício dobra a cada 18 meses. Esta relação foi revelada pela primeira vez em 1964, pelo engenheiro de semicondutores Gordon Moore, que fundou a Intel quatro anos depois.

outros mais recentes, foram um dos maiores mecanismos para promover o desenvolvimento de novos módulos de PC funcionais. Esse mecanismo para expansão de barramento permitiu que fossem atendidas as necessidades de muitos clientes em várias empresas, e em conseqüência disso o mercado de PCs expandiu tremendamente à medida que ele tornou-se também uma plataforma para construção de todo tipo de máquinas e instrumentos de computação.

## Projeto da placa-base

O próprio projeto da placa-base do PC é um exemplo de projeto modular tanto do produto como do processo. O responsável pelo projeto determina primeiro o seu mercado – placas-mãe de baixo custo ou de alta performance, se o projeto atenderá a um integrador, se o equipamento será vendido por meio de canais de varejo ou de um revendedor. Esta decisão é muito importante porque os clientes são muito diferentes e, por isso, a modularidade requerida será diferente. Em muitos casos, funções do sistema como a monitoração de temperatura ou da voltagem e o relatório de status do sistema serão tratados como módulos que podem ou não ser implementados quando da montagem da placa.

Considere uma placa-base para um revendedor internacional de PCs como um exemplo de algumas das questões que serão colocadas durante o desenvolvimento do módulo. O fator de forma da placa-base é o primeiro ponto sobre o qual decidir. Suponhamos que o fator de forma ATX seja utilizado.[8] Isso significa que a montagem de furos, do

8 O fator forma ATX tornou-se padrão na indústria e é derivado do PC IBM AT introduzido pela IBM em 1984. As características físicas do chassis ATX tornaram-se o padrão para a indústria de PCs. Embora já não seja mais o único padrão existente, ele ainda é bastante utilizado.

conector de energia e outras características mecânicas do chassi da placa-base constituem certos requisitos para o fornecedor do módulo da placa-base. O desvio desse padrão poderia resultar em outros módulos – chassis, fornecimento de energia etc. – que não tivessem uma interface adequada com a placa-base. O fator de forma da placa-base só é a primeira de muitas características que precisam ser decididas à medida que o conjunto de módulos for concretizado no projeto do PC.

O projetista de qualquer produto em grande volume sempre considera o que é necessário para tornar o produto viável economicamente. A procura ou questões de custo devem ser consideradas abertamente durante o projeto. As características de implementação são incluídas no projeto da placa-base para que tanto um módulo funcional do fornecedor A ou do fornecedor B possam ser usados em resposta a questões de custo e disponibilidade. Também é uma prática comum projetar várias áreas de cobertura para uma certa função de uma placa-base de modo que, no momento da montagem, a área de cobertura preferida (devido ao custo ou disponibilidade) seja abastecida com as partes eletrônicas apropriadas. Quanto maior o volume da produção, mais importante ela se torna. Este é um exemplo de modularidade usada para garantir a disponibilidade do produto, nas quantidades necessárias, atendendo desse modo às necessidades do consumidor.

Os responsáveis pelo projeto dos PCs também se preocupam com a modularidade significativa. Uma vez que um circuito tenha sido aprovado por meio de simulação e por testes de laboratório, o esquemático para aquele circuito, junto com seu status de qualificação, se torna disponível em um banco de dados acessível a todos os projetistas. Para completar um projeto, um engenheiro normalmente consulta o banco de dados da empresa que traz os projetos aprovados, bem como os "esquemáticos de referência" fornecidos pelos fabricantes do chip para completar suas próprias técnicas de projeto. Finalmente, depois que o circuito tenha sido implementado e testado em uma placa integrada, o padrão de trilha de cobre vigente é armazenado em um arquivo eletrônico e disponibilizado para uso em futuros projetos.

## Atendimento ao cliente

Enquanto os primeiros pensamentos da modularidade se referem aos produtos, a área de serviço representa uma outra arena significativa no que diz respeito a atender às necessidades e desejos dos clientes por meio de uma modularização apropriada. A Lands' End, que já é customizada em massa em sua linha de roupas, completa seus produtos ao oferecer uma experiência de compra customizada via web. A tecnologia "My Virtual Model" permite que um cliente on-line construa um modelo personalizado. "Com a ferramenta 'My Virtual Model', você pode experimentar as roupas da Lands' End em um modelo que é praticamente uma imagem espelhada de você mesmo. De ternos a roupões de banho, experimente o modelo antes de comprá-lo. E você nem precisa entrar em um provador."

Em curto prazo, se a modularização e a customização de serviços resultam em uma experiência de atendimento positiva para o cliente enquanto ele seleciona um produto para compra, então em longo prazo os conceitos de customização em massa, incluindo a fabricação, oferecem um valor muito maior. Isso é ainda mais verdadeiro se o custo-benefício que vem da abordagem fabricação-pedido puder ser revertido para a conta.

O desafio do projeto modular pode ser visto como uma identificação contínua de módulos de produtos, processos e serviços incrementais que fornecem a flexibilidade apropriada para atender às necessidades individuais do máximo número de clientes, de modo rápido e a preço competitivo.

## Produtos "Classe A" - Por que eles são muito melhores?

A vantagem principal de um projeto modular é que ele permite que cada fragmento de funcionalidade seja satisfeito pelo produto ou serviço que oferece uma performance ótima. Ele permite o uso de produtos e serviços "classe A" em cada componente do produto acabado. Cada instrumento de uma orquestra é tocado por um virtuose, e cada um deles segue o comando de um único condutor que garante que a música seja tocada para o prazer máximo de uma platéia perspicaz e exigente.

### Flexibilidade

O projeto modular tem uma grande chance de atender ao objetivo da "escolha", tanto por parte do cliente quanto do fornecedor. A meta é oferecer ao cliente um produto ou serviço que atenda às suas necessidades e que seja condizente com seu gosto pessoal. O outro lado da equação é o fornecedor e seu objetivo de obter lucro em cada venda.

Será valioso explorar o conceito de trade-offs (aceitar algo não tão bom a fim de obter algo bom) *versus* concessões neste momento.[9] A diferença entre os dois é a quantidade de escolha que fica a cargo do usuário final. Uma compra trade-off deixa o usuário escolher entre dois ou mais produtos. Por exemplo, um usuário que quer comprar prateleiras para seu escritório doméstico pode usar um sistema de prateleiras modular que permite que ele projete o tamanho e o fator de forma que atendem às suas necessidades imediatas, bem como pode planejar expansões futuras. Os módulos de um sistema de prateleiras permitem várias situações trade-offs com base em inúmeros fatores, dependendo do sistema de prateleiras escolhido. Em todo caso, o usuário pode escolher, com base em seus valores. Esta é uma escolha trade-off.

Uma concessão elimina a escolha do cliente. Uma decisão é tomada, em algum lugar do processo de desenvolvimento, que resulta numa solução mista em que nenhum consumidor tem exatamente aquilo que deseja. Uma estante de livros fornecerá as prateleiras, mas a expansão e a reconfiguração rápidas são características que foram eliminadas.

Henry Ford descobriu que não era eficaz em termos de custo equipar sua montadora com equipamentos que produzissem mais de uma cor do modelo T. Isso não significa que todas as concessões são ruins, só que as opções para o usuário foram reduzidas. Deve ficar claro que em muitos casos os benefícios da concessão compensam o ganho de valor adicional e o sacrifício de alguma escolha. Nós precisamos estar em um avião em uma data e hora específicas para voar de Nova York a Paris. Nós abrimos mão do direito de escolher um horário de partida diferente porque voar é melhor do que caminhar, e voar num vôo comercial é mais barato do que comprar nosso próprio avião. Para as carac-

9 GILMORE, James H.; PINE, Joseph (eds.). "Creating customer-unique value through mass customization". *Markets of one,*. Boston: Harvard Business School Press, 2000.

terísticas que interessam aos clientes, se todos os outros fatores forem iguais, quanto mais escolha, melhor.

A metodologia de gestão de projetos pode ser usada para levar em consideração a flexibilidade. As restrições tradicionais de um projeto são a função, o custo e a escala. Bom, barato e rápido são a ordem do dia. A modularidade na funcionalidade do produto permite que o projeto seja mais flexível ao oferecer valor para mais clientes individuais.

A modularidade nas placas gráficas pode ser usada para ilustrar a flexibilidade em termos de escala. Se uma placa gráfica usa um novo chip gráfico (nova tecnologia significa o melhor resultado com o menor esforço) e a disponibilidade do chip está em questão, um segundo projeto que use um chip gráfico alternativo pode ser considerado. Isso permite que a entrega programada do PC seja mantida, mas a seleção de uma placa gráfica específica a ser usada é feita o mais tarde possível no processo de desenvolvimento, permitindo que o fabricante selecione aquela que maximizar seus retornos. Do mesmo modo, ao ter módulos de vários fornecedores qualificados para uso no produto, este pode ser entregue com os módulos de menor custo. Os chips de memória e os módulos de memória, conhecidos por ter preços muito volúveis, são freqüentemente tratados dessa maneira.

Os módulos feitos por terceirização podem fornecer oportunidades extras, em especial quando consideramos o cenário internacional. Ao vender o produto diretamente para o usuário final, como faz a Dell, os pagamentos do cliente talvez possam ser recebidos antes que as contas do fornecedor sejam pagas. Como será explicado mais adiante no Capítulo 4, esta pode ser uma fonte substancial de capital de giro.

Se a empresa produz os próprios módulos e se os módulos podem ser feitos em qualquer lugar do mundo, ela precisa saber tirar vantagem dos incentivos financeiros oferecidos pelas várias agências de governos estrangeiros para localizar a fábrica em sua jurisdição.

Se a empresa terceirizar a produção, provavelmente os fornecedores serão aqueles que já tiraram vantagem dessas oportunidades. À medida que a companhia determina sua estratégia para ficar à frente da concorrência, a modularidade do produto e o processo de produção são de vital importância. Um módulo pode ser desenvolvido e produzido internamente com o suporte completo da infra-estrutura corporativa. Embora este seja normalmente o caminho preferido, outras alternativas devem ser consideradas. Terceirizar a produção e mesmo o projeto de um módulo pode liberar recursos internos para outros projetos. Além disso, a aplicação de recursos criativos externos à empresa pode trazer inovações ao produto ou pode resolver alguns pontos cegos das áreas técnica e de processos que inevitavelmente existem em qualquer organização.

A inovação é aprimorada pela modularização. Mesmo dentro de uma empresa, várias equipes às vezes devem lidar com a mesma parte de um problema paralelamente. Embora isso seja caro, pode ser bom em algumas situações. A gerência pode monitorar o progresso de cada equipe e finalmente selecionar a solução mais vantajosa, dados os objetivos da empresa. Esse mesmo processo, a interação de várias equipes que usam diversas competências criativas, tem ainda mais potencial na terceirização porque um conjunto muito maior de recursos está presente. Para esse fenômeno, é útil pensar na Lei de Metcalfe[10], segundo a qual *a utilização, ou utilidade, de uma rede é igual ao quadrado do número de usuários.* O telefone tem um uso muito limitado se somente você e seu parceiro tiverem um. Se toda a cidade estiver conectada por meio de um sistema

10 Robert Metcalfe fundou a 3M Corporation e projetou o protocolo Ethernet para redes de computadores.

de telefonia, ele torna-se muito mais útil. Se o mundo inteiro estiver conectado, a utilidade do sistema será fenomenal. E assim é com a inovação através da modularização. A taxa de inovação é proporcional ao quadrado do número de equipes interligadas resolvendo um problema.

## Foco

A modularidade leva ao foco. Os produtos estão se tornando cada vez mais complexos, e a única maneira de abordá-los por completo é dividi-los em módulos funcionais. Ao decompor a funcionalidade, nós finalmente descemos até os blocos funcionais que podem ser compreendidos, o que nos permite considerar maneiras alternativas de realizar a função e atender às necessidades do cliente. A divisão em compartimentos ou a modularização promove um exame intencional de cada módulo. Uma limitação desta abordagem focada pode ser o fato de que poucas idéias novas sejam geradas, pois toda a experiência vem de uma perspectiva semelhante. Aqui há uma oportunidade de fazer o brainstorming – pessoas com diversos conhecimentos e experiências variadas trabalham juntas em um processo aberto para resolver um dado problema.

No desenvolvimento do PC e na arena da produção, os testes de módulos são um exemplo excelente do poder da modularidade para reduzir a complexidade por meio de testes que sejam focados. Uma metodologia de testes sólida deve testar completamente o nível mais baixo possível. À medida que os módulos são combinados em subsistemas e então em sistemas, somente a interação entre eles precisa ser testada. O foco então é no módulo. Isso requer que a pessoa que estrutura os testes conheça muito bem o sistema como um todo porque deve ficar claro o que pode e o que não pode ser testado no nível do módulo e o que precisa ser testado em um estágio posterior da integração do produto. Esta abordagem sistemática economiza, além de tudo, tempo de teste, e também simplifica o processo de alterar o plano de teste quando mudanças precisarem ser feitas no módulo.

## Suporte

Assim como a obsolescência é tão certa quanto a morte e os impostos, a modularidade é uma maneira de aumentar a vida útil do produto. A indústria do PC por muitos anos tem criado um significativo mercado de upgrade. Como a velocidade dos processadores aumentou, os novos processadores têm sido disponibilizados como kits de upgrade. Como as densidades de memória aumentaram, os módulos para aumentar a capacidade de memória também estão disponíveis. E à medida que imagens mais realistas são viabilizadas por meio de chips gráficos de 3D dedicados, as placas gráficas add-in fornecem essa competência ao usuário final.

Além disso, quando as falhas ocorrerem, é mais provável que os reparos sejam feitos mais facilmente se o sistema for modular. Muitos usuários de PC estão habilitados a fazer um pequeno reparo ao trocar um módulo com defeito por um outro que esteja bom. Se o monitor, o mouse ou a impressora não estiverem funcionando corretamente, é só substituí-los por um outro equipamento do mesmo tipo que está em um outro PC. Se isso funcionar, você terá isolado o problema a um módulo específico. O conceito de serviço de trabalhar com unidades que podem ser substituídas (FRUs - field replaceable units) evita a alteração do sistema inteiro. Quanto mais modular for o produto, mais fácil será isolar o módulo com defeito e substituí-lo. Um outro benefício dos módulos para reparo do sistema é que eles encorajam os processos padronizados – de isolamento falho, instalação e verificação do sistema. Tudo isso ajuda a aumentar a qualidade e a confiabilidade à medida que o conhecimento acumulado sobre o sistema e sobre seus módulos propicia uma melhora nos procedimentos de serviço.

## Empresas "ocas"

Enquanto a revolução industrial americana trouxe muita gente das fazendas para as cidades, o atual *boom* industrial no sudeste da China está transformando os arrozais de Dong An, que fica 50 milhas ao norte de Hong Kong, em uma cidade industrial de imensas proporções. Filas e mais filas de edifícios industriais abrigam trabalhadores uniformizados que logo cedo deixam os dormitórios da própria empresa e vão para as linhas de montagem. A produção da fábrica é carregada em contêineres, segue rapidamente por super-rodovias até os portos de última tecnologia de Hong Kong e vai para navios de carga com destino ao Japão, Estados Unidos e Europa.

Hong Kong recebeu influência ocidental há muito tempo. Em 2001, Dong An produziu mais de 37% dos disk drives e 10% de todos os monitores de computador utilizados no mundo, bem como um vasto sortimento de outros periféricos de computador. O fornecimento da mão-de-obra barata e quase incansável da China é a força motriz por trás dessa explosão de produção. Os custos de mão-de-obra de 0,40 dólares por hora, 1/6 do custo da mão-de-obra do México e 1/40 da mão-de-obra norte-americana, estão causando tremendas mudanças na localização da produção. Milhares de fábricas mexicanas, próximas da fronteira com os Estados

Unidos, que eram tão produtivas no final do século XIX, estão fechando.[11]

A expansão industrial não é exclusividade de Dong An. Tianjin, no sudeste de Pequim, abriga uma fábrica gigante de semicondutores, com recursos para teste e montagem, operada pela Motorola. Em 2002, a Motorola investiu mais de 6,6 bilhões de dólares na China na construção de uma nova fábrica de semicondutores.[12]

A China, dotada de uma força de trabalho de imensas proporções, é a nova fronteira da produção, e sua expansão é orientada por um governo ansioso por alcançar o mundo industrializado. À medida que a comunidade internacional derruba suas barreiras comerciais, todos os países em desenvolvimento estão aguardando por sua parte no negócio. O mundo desenvolvido está deixando de fabricar em seus próprios países porque a vantagem econômica pode ser obtida pela terceirização da produção no mundo em desenvolvimento. Terceirizar uma parte importante do produto ou serviço gera o que as empresas se referem como empresas "ocas".

## Terminologia

O termo empresa "oca" é usado para descrever aquelas organizações em que parte considerável de sua competência necessária foi terceirizada. "Oca" sugere que a substância principal foi removida e que a empresa oca é menos capaz de atender aos objetivos do negócio do que aquela que realizou todas as operações por si própria. "Oca" pode ter uma conotação negativa para muitas pessoas, principalmente se a suposição de uma empresa de sucesso basear-se no passado (por exemplo, Ford e IBM).

11 Peoples´s Republic of Products. *Los Angeles Times*, 20 out. 2002.
12 China´s next challenge: Mastering the microship. *Los Angeles Times*, 4 out. 2002.

A vantagem óbvia de uma empresa oca é não sucumbir ao peso da complexidade e inércia inerentes à execução de todas as operações dentro da mesma organização. A empresa oca tem a capacidade de se alterar rapidamente a fim de atender às necessidades sempre diferente dos clientes. Uma empresa oca pode ser uma organização ágil.

## QUEM É A COMPANHIA? ONDE ELA ESTÁ?

"Companhia" é a entidade que tem relacionamentos com os clientes e fornecedores e que ocupa um nicho na cadeira de valor da customização em massa. Para cada companhia que fornece um produto ou serviço, há inúmeros recursos envolvidos que não fazem parte da empresa. O trabalho em conjunto com qualquer organização pode tornar-se um vasto arranjo de empresas "modulares", cada uma fornecendo sua parte no processo de customização em massa. Se a produção é algo parecido com a publicação de um livro, então a customização em massa é parecida com um seminário interativo de alta qualidade via web, em que as necessidades de cada participante são atendidas.

Um modelo comum de customização em massa consiste em produzir por meio de módulos padronizados e configurar o produto para o cliente no estágio mais avançado possível do processo de fabricação. Esse estágio final pode ser executado de modo rápido e confiável, e é assim em empresas como a Dell, que trabalha muito perto dos fornecedores e gerencia seu estoque de acordo com a demanda. No estágio final, o responsável pela montagem precisa tornar disponíveis módulos apropriados suficientes para atender os pedidos na hora de sua execução. A terceirização dos módulos não é obrigatória, mas normalmente permite que a empresa tenha mais opção na seleção dos módulos a serem usados. Um módulo produzido internamente pode ser aceitável, mas é tão eficaz (em termos de função, custo e disponibilidade) quanto aquele obtido fora? No interesse de satisfazer o cliente, essas três restrições – função e qualidade, custo e tempo – forçam a empresa a avaliar seriamente sua competência principal quando precisa lidar com as decisões clássicas sobre "fazer ou comprar".

À medida que o "livre comércio" torna-se regra no mundo todo e a tecnologia da informação permite uma comunicação instantânea com uma rede internacional de participantes sempre em expansão, as escolhas de negócios têm aumentado de forma dramática. As empresas têm um grande desafio ao decidir qual é o seu negócio e quem irá fabricar o módulo e o produto final, adaptado ao consumidor.

Na fabricação do Modelo T, a Ford fez tudo. Ela até comprou plantações de borracha para fornecer matéria-prima para os pneus. Hoje em dia, as empresas de customização em massa não são mais integradas verticalmente. Elas podem capitalizar graças a oportunidades econômicas ao mandar para fora o trabalho e deixar outras empresas, muitas vezes distantes geograficamente, fabricar partes do produto final. Isto é mais do que uma subempreitada convencional. Enquanto interfaces claras são definidas para subsistemas ou módulos feitos fora, a força criativa do fornecedor é aproveitada e o ritmo do progresso aumenta. A orquestração de todos esses esforços só é possível mediante tecnologias de informação e comunicação modernas, que reduzem as distâncias e o tempo e permitem que as companhias se tornem menores, mais ágeis, mais eficazes e eficientes.

A empresa escolhe onde a produção será feita. Cingapura tem sido o local de produção da Flextronics, que produz componentes eletrônicos para a Nokia, Microsoft,

Hewlett-Packard Plus e Ericsson. Mas os trabalhadores da linha de montagem de Cingapura recebem 1.200 a 1.500 dólares por mês, enquanto o mesmo trabalho poderia ser feito com 300 a 400 dólares por mês na Malásia. Na China, trabalhadores semi-especializados começam com 125 dólares por mês. Em 2001, a Flextronics anunciou que dispensaria temporariamente 10% de seus 65 mil funcionários no mundo todo porque estava mudando suas linhas de montagem para a Malásia e a China. "Neste mercado, com essa concorrência, temos de ir para onde seja mais barato para nossos clientes", diz Ash Bhardwaj, presidente de Flextronics para Ásia e Pacífico.[13]

A informação tem um papel cada vez mais significativo na fabricação, mas o sucesso depende de mais do que isso. É o conhecimento, a aplicação e o uso produtivo da informação que fazem a diferença. Hoje em dia as empresas estão usando sistemas de conhecimento sofisticados que permitem que ela use a informação existente de modo eficiente dentro de seu setor de atividade.

A LeadingWay, líder no projeto de sistemas de conhecimento, apresenta uma estrutura para conceitualização do conhecimento com o qual a empresa trabalha. A premissa básica é que as pessoas aprendem de vários modos, influenciadas por suas necessidades do momento. O conteúdo apresentado a elas precisa levar isso em consideração. A estrutura prescreve quatro tipos diferentes de transferência de conhecimento com base em se o conhecimento é "Just in Case" (conhecimento que as pessoas precisam ter antes de poderem fazer seu trabalho) ou se é "Just in Time" (conhecimento necessário para fazer o trabalho), e com base também em se o conhecimento é implícito (está na mente da pessoa, é uma regra prática) ou se é explícito (estruturado

13 *Fortune* (Ásia), v. 143, questão 10, 14.05.2001.

e documentado). As ferramentas baseadas nesses módulos de conhecimento podem ser inestimáveis ao permitir que a empresa moderna permaneça competitiva à medida que as decisões são tomadas para atender às necessidades dos clientes.

Enquanto a empresa de produção em massa conseguia qualidade graças ao uso do controle de qualidade estatístico, uma perspectiva mais ampla é necessária para a empresa de customização em massa. Sempre é apropriado usar a informação sobre o processo de produção a fim de gerar produtos que atendam às especificações, mas o próximo passo é expandir essa arena para que ela inclua as necessidades dos clientes. Na customização em massa, o cliente é o alvo principal. Por meio dos detalhes de campo, das sondagens de clientes, dos perfis dos clientes, bem como das informações sobre produção e processo tradicionais, a empresa pode oferecer um produto aprimorado e aumentar a satisfação do cliente.

## O processo

O processo em uma companhia de customização em massa deve ser sempre reavaliado em termos de estratégias de negócio gerais e das necessidades dos clientes. A Amazon é um ótimo exemplo de varejista bem-sucedido – de livros, músicas e outras mercadorias. É uma empresa ponto.com (da web) e oferece a seus clientes um site que permite que eles selecionem um item de sua escolha; fornece também uma grande variedade de críticas literárias, páginas de exemplo e muitos métodos de navegação, além de materiais relacionados ao item escolhido. Isso foi um sucesso e contribuiu para o crescimento do negócio, e a Amazon percebeu que sua experiência no "preenchimento de pedidos" poderia ser explorada em outros negócios além dos livros. Como resultado, a Amazon fez um contrato com grandes varejistas, como a Target e a Toy´s R Us, para prestar esse serviço a elas. A Amazon obteve uma boa capitalização e expandiu seus negócios para áreas em que tem uma margem de lucro mais alta do que nas vendas a varejo de livros e música.

"Trabalhe em sua competência principal ou morra", dizia John Hagel que foi citado em um artigo da Fortune[14]: "As corporações tradicionais têm sido, até agora, uma 'coleção não natural' de três tipos de negócios muito diferentes: 1) estabelecer e construir relacionamentos com os clientes; 2) criar produtos e vender o que elas fizeram; e 3) gerenciar a infra-estrutura, desde supervisionar os call centers até os sistemas de entrega". As companhias terão de se tornar "classe A" em uma dessas três áreas e confiar em outras que forneçam produtos e serviços "classe A" nas áreas restantes. Os dois livros de Hagel, *Net worth* [15] e *Net Gain* [16], têm sido textos essenciais sobre a revolução da Net.

Técnicas de melhoria contínua na produção têm permitido que os gestores e os engenheiros industriais colham experiências detalhadas dos trabalhadores de montagem para reduzir erros e estreitar as tolerâncias. Os defeitos da customização em massa não são vistos como falhas do processo, mas como falhas de capacidade, como a inabilidade para satisfazer às necessidades de algum cliente ou mercado específico. Essa perspectiva encoraja toda a equipe para manter o foco no cliente e procurar oportunidades de atender necessidades de clientes individuais.

A terceirização das funções pode funcionar de forma tão eficaz como a terceirização da produção? Somente as

14 KIRKPATRICK, David. Davos, talk of death. *Fortune*, v. 143, questão 5, 03.05.2001.

15 HAGEL, John III; SINGER, Marc. *Net worth*. Boston: Harvard Business School Press, 1999.

16 HAGEL, John III; ARMSTRONG, Arthur G. *Net gain: expanding markets through virtual communities.* Boston: Harvard Business School Press, 1997.

tarefas tradicionais – finanças, produção, equipe de suporte – são candidatas a ser consideradas? Doug Garr diz: "Hoje, é comum para os estabelecimentos especializados fornecer um departamento de recursos humanos, um grupo de vendas e toda a infra-estrutura de e-business de uma empresa, incluindo help desk e call center".[17] Este conceito de modularidade de negócio também precisa ser avaliado em termos da flexibilidade que ele oferece ao atender às necessidades atuais dos clientes com bens e serviços de alta qualidade e baixo custo.

## As pessoas

Grupos de trabalho independentes podem ser vistos como módulos de talento que estão disponíveis para serem utilizados. Esses módulos de talento podem oferecer seus benefícios, estejam eles dentro ou fora da empresa.

Assim como interfaces claras, bem definidas, entre módulos de produtos são desejáveis para um sistema, uma estrutura clara e bem definida para a operação das equipes é fundamental para o sucesso, e isso é responsabilidade da gestão. Baldwin e Clark [18] nos dizem que a liderança executiva significa mais do que promover a visão da empresa. Equipes independentes de engenheiros e técnicos podem fazer grandes avanços quando trabalham em grupo e perseguem um objetivo comum. Mas em alguns momentos, o produto da equipe terá de se alinhar com outros produtos. Se as interfaces e outras especificações não estiverem de acordo, haverá um "retrabalho". É aqui que a experiência de um gerente e a disciplina de um gestor de projetos serão consideravelmente testadas. Os gestores têm a oportunidade

17 GARR, Doug. Inside out-sourcing. *Fortune*, v. 143, questão 13, verão 2001.
18 Op. Cit.

de encorajar os trabalhadores enquanto verificam a conformidade com as necessidades do sistema – não só no final do projeto, mas como parte do projeto de vida diário.

Na customização em massa, os gestores precisam ter uma visão mais ampla da operação da empresa. Eles não podem estar voltados apenas para uma área funcional. Como as necessidades dos clientes são diferentes e mudam com freqüência, o gestor precisa ser capaz de descobrir as oportunidades para a mudança dos processos internos. Precisa ter a oportunidade de trabalhar diretamente com o cliente a fim de encontrar o melhor modo de satisfazer suas necessidades. Deve compreender as competências principais da organização e sugerir quando é hora de terceirizar ou de trabalhar internamente. Essa abordagem oferece a oportunidade de cada gestor exercer sua criatividade a fim de contribuir para o sucesso da empresa como um todo.

A empresa de customização em massa existe para oferecer a cada cliente um produto ou serviço que atenda às suas necessidades exclusivas, com um nível de qualidade satisfatório e com um preço atrativo. Não há uma solução simples; os ovos de ouro não podem ser obtidos todos de uma vez. A solução é sempre ouvir o cliente. Para a companhia, a voz do cliente não é como "o soar de doces sinos, desafinados e dissonantes"[19], mas uma melodia harmoniosa que sinaliza o caminho para o sucesso. E depois de ouvir, a empresa precisa identificar como a modularidade nos produtos, processos e serviços pode apontar para um caminho que permita orquestrar a experiência do cliente a fim de que o relacionamento prospere.

---

19 SHAKESPEARE, William. *Hamlet,* ato III, cena 1.

CAPÍTULO 4

# A GESTÃO DA CADEIA DE VALOR

*A gestão da cadeia de valor é a revisão e o aperfeiçoamento dos elementos selecionados a partir dela para melhorar a capacidade e a eficiência da cadeia.*

Lou Pritchett foi pela primeira vez para Bentonville, Arkansas, em 1987, para uma viagem de dois dias em uma canoa pelo rio South Fork. A Wal-Mart já tinha se tornado a maior cliente da Procter & Gamble, mas nenhum executivo da P&G tinha visitado a sede da Wal-Mart. Desde 1940, a P&G vinha se concentrando na superioridade dos produtos e das propagandas. Ambas as estratégias estavam focadas no consumidor e nenhuma delas lidava com o relacionamento entre a P&G e seus clientes imediatos. O que Sam Walton e Lou Pritchett fizeram nessa viagem ampliou os horizontes da Procter & Gamble e da Wal-Mart e causou um impacto profundo na dinâmica das economias capitalistas do mundo.

Pritchett, vice-presidente de vendas da P&G, solicitou a reunião porque acreditava que as duas empresas deveriam terminar com o relacionamento de adversários e substituí-lo por uma parceria entre ambas. Em suas palavras:

> Uma vez que os sistemas deles e os nossos falharam em complementar um ao outro, me parece que ficou muito mais

caro fazer negócio juntos do que deveria. E esses custos em excesso poderiam resultar em uma de duas coisas:

- Eles poderiam ser repassados aos clientes, tornando os nossos produtos mais caros do que deveriam ser, e desse nodo reduzindo potencialmente as vendas.
- Eles sairiam dos lucros e atingiriam a P&G ou a Wal-Mart, ou ambas as empresas, onde realmente dói, ou seja, na linha de lucro.[1]

Pritchett e Walton atendiam aos mesmos clientes, mas ocupavam espaços muito diferentes na cadeia de eventos que no fim das contas entregava valor aos clientes. A Wal-Mart e a P&G encaravam o cliente de um ponto de vista próprio. O que aconteceu permitiu que ambas as empresas pudessem ver o valor que poderia ser entregue aos clientes de uma maneira totalmente nova daquela da Wal-Mart ou da P&G, mas maior que a soma das duas. Assim, em algum lugar do rio South Fork, nasceu a gestão da cadeia de valor.

Sam Walton estava interessado na reunião porque suas lojas ocasionalmente não tinham os produtos da P&G. Quando isso acontecia, os clientes iam comprar em qualquer outro lugar, e a Wal-Mart perdia vendas, tanto dos produtos da P&G quanto de qualquer outro item que estivesse na lista de compras do cliente naquele dia. Para piorar, Walton achava que, às vezes, a Wal-Mart poderia perder clientes. Em 1987, a Wal-Mart já estava disputando com a Sears para ser a maior varejista do mundo. Para Sam Walton, não ter uma certa marca de sabonete significava perder uma batalha nessa guerra pelo domínio do mercado. Quinze anos depois, as vendas de 233 bilhões de dólares

1 PRITCHETT, Lou. *Stop paddling & start rocking the boat.* Nova York: Harper Business, 1995.

da Wal-Mart eram quase seis vezes maiores que as da Sears. Walton não construiu a maior empresa varejista do mundo perdendo clientes.

A solução para o problema do estoque foi resultado de uma parceria entre a Wal-Mart e a P&G. Ela reúne os sistemas das duas empresas. Assim que o cliente compra um tubo de creme dental Crest® ou um rolo de papel higiênico Charmin®, os sistemas de controle de estoque, tanto da Wal-Mart quanto da P&G, registram instantaneamente e repõem o material. O resultado é que tanto a Wal-Mart quanto a P&G vendem mais produtos, a um preço menor e com mais lucros. Essas três características: volume grande, baixo preço e margem alta são as qualidades que dão valor à gestão da cadeia, mesmo sem considerar o sistema de gestão de estoque que atuou antes disso.

Quinze anos mais tarde, a inovação estendeu-se muito além das duas empresas que deram origem a ela. A gestão da cadeia de valor é uma dramática evolução da eficiência. Ela foi implementada entre empresas e em todas as incontáveis cadeias de valor ao redor do mundo. Reduziu ou eliminou a necessidade de os fabricantes manterem grandes estoques. E agora permite que os fornecedores e clientes reajam de modo igualmente rápido a mudanças inesperadas na demanda. A demanda se torna visível e previsível em tempo real.

Pode ser que os ajustes dos estoques na recessão de 2001 tenham sido mais moderados do que poderiam ter sido sem a gestão da cadeia de valor. Muitos fabricantes puderam reconhecer uma demanda menor para seus produtos de maneira mais rápida e evitaram manter estoques excessivos. Se isso for verdade, esperamos que a economia se recupere de maneira gradual para que os fabricantes não tenham medo de ser pegos de surpresa em uma expansão econômica. Quando este livro foi escrito [em 2003], parecia ser exatamente isto o que estava acontecendo.

# Cadeia de valor *versus* Cadeia de fornecedores

Há uma tendência de se confundir "cadeia de valor" com "cadeia de fornecedores", mas há uma diferença entre esses conceitos. O modelo da cadeia de fornecedores concentra-se em fornecer matérias-primas e peças de montagem de modo econômico para uma operação de produção. A gestão da cadeia de fornecedores é um subitem da análise da cadeia de valor.

A cadeia de valor tem um âmbito maior. Trata-se de um grupo de empresas que trabalham juntas para progressivamente agregar valor em resposta às oportunidades do mercado. A gestão da cadeia de valor é uma revisão e um aprimoramento dos elementos selecionados a partir dela, que visa melhorar a capacidade e a eficiência da cadeia. Ela observa cada etapa, desde a matéria-prima, até como um possível usuário final irá descartar esse material depois do uso. A análise da cadeia de valor também usa a análise de sistemas para identificar etapas que podem ser simplificadas, combinadas ou eliminadas sem afetar negativamente o valor percebido do resultado. A meta é maximizar o valor para o usuário final enquanto se minimizam os custos e, ainda mais importante, enquanto se minimizam os atrasos. O tempo tornou-se um recurso precioso. Ele faz muita diferença.

Os elementos-chave de uma cadeia de valor são: 1) atividade física, 2) experiência no processo e 3) atividade virtual ou de informação. A Figura 4.1 ilustra como esses elementos funcionam juntos.

A camada física agrega valor ao modificar as características físicas das matérias-primas, partes, peças de montagem e produtos manufaturados. Além do fornecimento e da fabricação, a camada física inclui os elementos de distribuição que são necessários para entregar valor ao cliente no local desejado por ele. Uma prateleira da Wal-Mart é uma parte necessária da camada física para uma determinada marca de sabonete, assim como o carrinho usado pelo cliente para transportar produtos da prateleira para o caixa.

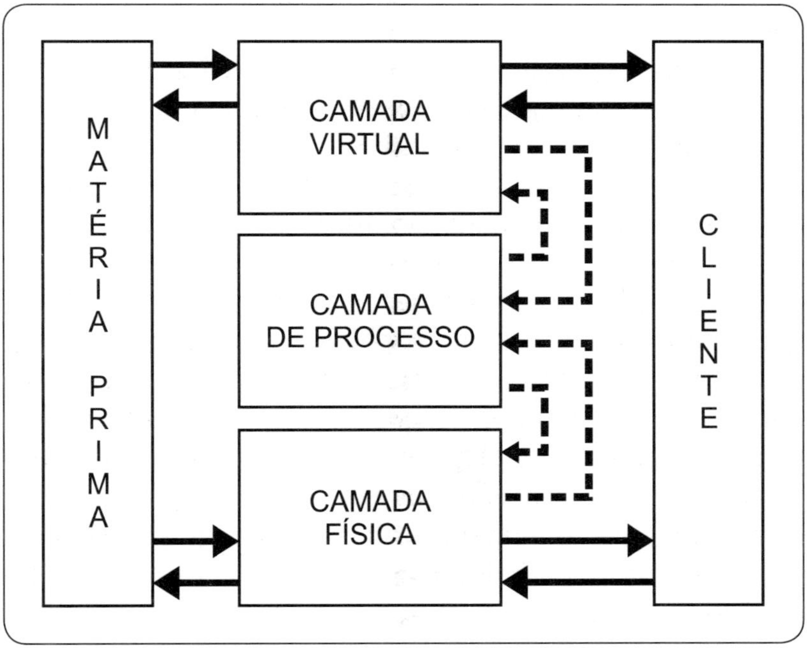


**FIGURA 4.1 ELEMENTOS DA CADEIA DE VALOR**

A camada virtual agrega valor ao fornecer informação útil sobre coisas, conceitos, idéias, fenômenos, eventos, emoções, paixões, expectativas, sonhos, aspirações e tudo aquilo em que as pessoas estão propensas a pensar ou a corresponder. Uma certa marca de sabonete é valiosa porque contribui para a limpeza e porque a limpeza é valorizada pela grande maioria na sociedade em que vivemos. A camada virtual inclui todos os recursos não materiais que uma empresa usa para entregar valor a seus clientes, quer a entrega ou não de um objeto físico seja parte desse valor.

Os objetos têm valor porque são úteis. Uma empresa que oferece produtos que são objetos entrega valor porque os próprios objetos prestam um serviço ao cliente. Em um mundo competitivo, a entrega de valor normalmente significa a entrega de um conjunto de serviços secundários que acompanham um objeto. Quer um objeto esteja envolvido ou não, um produto tira seu valor do serviço que presta ao cliente.

A etapa do processo funciona por meio das etapas física e virtual mas não agrega valor por si mesma. Ela inclui as etapas necessárias para garantir que o sistema funcione de modo confiável e eficiente. É o sistema que implementa as funções de controle: medir, analisar e interferir nas atividades e eventos das etapas física e virtual.

A gestão da cadeia de valor concentra-se nas atividades que ocorrem entre as organizações e se alinha com o caminho que existe entre a matéria-prima e o cliente. Observa que há vários caminhos porque o valor é criado de muitas maneiras, mesmo em um único produto ou serviço. Como os caminhos envolvem trocas em vez de simples entrega, há sempre um caminho de retorno. O valor volta do cliente seja na forma de dinheiro, de informação ou ambos. Outra característica digna de nota na cadeia de valor é a etapa do processo, que agrega valor só indiretamente. O processo é importante porque ele controla aquilo que acontece tanto nas etapas física ou virtual, em quais etapas determinadas atividades acontecem, quando essas atividades acontecem, onde elas acontecem e quem realiza as atividades.

Em uma loja do McDonald, o pedido do cliente é transmitido fisicamente do cliente para um atendente que digita as informações em um sistema. Uma vez que o pedido é inserido no sistema, muitas coisas podem acontecer com ele. O cozinheiro pode acessar a informação para tomar uma decisão sobre quais itens do menu deve preparar em maior quantidade. O gerente da loja pode usá-la para saber se precisará de mais pessoal ou se poderá dispensar alguém. O depósito mais próximo pode usá-la para decidir qual alimento ou embalagem deve ser enviado para a loja na próxima entrega e o departamento de marketing, ao trabalhar com a agência de publicidade, pode usá-la para medir a eficiência da campanha publicitária atual. Essas e outras dezenas de decisões tomadas pelas pessoas em todo o mundo podem ser quase instantaneamente influenciadas pela decisão de um cliente ao comprar um Quarteirão com queijo em vez de um Big-Mac. Toda essa atividade acontece na etapa virtual.

Entretanto, na etapa física, os componentes de um lanche devem ser retirados de vários lugares e colocados em uma bandeja ou em uma embalagem para a entrega ao cliente. Então o dinheiro precisa ser recebido, contado e colocado em uma gaveta de onde sairá o troco. Em seguida, o dinheiro será coletado, recontado e colocado em um local seguro até ser transferido para uma agência bancária mais próxima onde é novamente contado e creditado em uma conta.

É claro que esse processo de pagamento pode ser ignorado se o cliente pagar com um cartão de crédito. Nesse caso, é preciso apertar mais alguns botões para que o dinheiro seja creditado na conta sem intervenção humana posterior. As vantagens da etapa virtual em relação à etapa física são óbvias. Ela é mais rápida, mais barata e menos propensa a erros. E as vantagens não são só relativas, elas são esmagadoras. O pagamento com cartão de crédito não é 10% ou 100% ou 1000% mais rápido que o sistema de pagamento físico. Ele é centenas ou mesmo milhares de vezes mais rápido. Por isso, é surpreendente que o McDonalds ainda aceite pagamentos em dinheiro.

No entanto, em vez disso, o McDonalds está cobrando de seus clientes uma taxa de processamento ao aceitar cartão de crédito ou de débito. Isso não é diferente da técnica usada pela AT&T ao finalmente abandonar a "discagem por teclas" em 1963. A nova tecnologia substituiu equipamentos de retransmissão eletromecânicos enormes e que consumiam muita energia de computadores pequenos e eficientes. Todavia, os clientes que optavam pela nova tecnologia pagavam uma taxa extra. Os monopólios como a AT&T em 1963 podiam se dar a esse luxo. Resta saber se o McDonalds será ou não bem-sucedido em seu plano.[2]

A etapa virtual tem tantas vantagens em relação à etapa física que as empresas estão tentadas a usar as transações virtuais no lugar das atividades físicas. Infelizmente, é comum isso fazer com que a maior parte do esforço desperdiçado no processo original também esteja presente no novo processo resultante. A pressa em automatizar os processos nos leva a cometer imprudências numa velocidade assustadora. A automação dos processos não deve ser empreendida até que sejam feitos esforços para garantir que o processo que está sendo automatizado seja tão eficaz e eficiente quanto o manual.

Em geral, os primeiros, e normalmente os mais produtivos, esforços para melhorar a eficiência de uma cadeia de valor concentrará sua atenção na etapa de processo básica. Em 1993, Hammer e Champy[3] iniciaram uma pequena revolução nos negócios. A frase que constava na capa de seu livro era: "Esqueça o que você sabe sobre o funcionamento dos negócios – a maior parte está errada!"

A etapa de processo requer nossos primeiros esforços porque:

- Fazer as pessoas trabalharem cada vez mais rápido não melhora o processo;
- Com o tempo, todos os processos agregam etapas que representam desperdício e que são desnecessárias;

2 Esses procedimentos não são adotados em nosso país. (N. T.)
3 HAMMER, Michael; CHAMPY, James. *Reengineering the corporation: a manifesto for business revolution.* Nova York: Harper Business, 1993.

- Automatizar um processo manual encoraja movimentos desperdiçados;
- Os processos são aprimorados com a eliminação de etapas que não agregam valor;
- Uma regra útil diz que as pessoas que estão executando os processos ficam normalmente 90% ocupadas, mas as coisas que estão sendo processadas são 90% inúteis.

Depois de trinta anos de redução e readequação do tamanho das atividades e de achatamento de organizações, os ganhos de produtividade adicionais obtidos com o trabalho mais árduo e mais rápido das pessoas serão provavelmente insignificantes e transitórios. Mesmo em períodos mais longos, as etapas do processo que forem necessárias, úteis ou produtivas quando de sua implementação se tornarão parte do sistema, quer obtenham ou não algum resultado. Depois de duas gerações da "era da informação", os computadores do mundo todo passam a maior parte do seu tempo processando dados irrelevantes para produzir relatórios obsoletos que ninguém lê. Esses sistemas herdados não são abandonados porque muitos trabalhadores acreditam que o seu próprio valor está intrinsecamente relacionado ao valor do esforço que eles colocam para proteger e preservar os princípios que "os levaram até ali". A estrutura formal das organizações encoraja a conservação do antiquado por meio de infra-estruturas imensas, construídas em torno de procedimentos que, em muitos casos, foram em sua origem soluções momentâneas para situações temporárias.

Os indivíduos que atingiram posições influentes nas organizações, em muitos casos, só conseguiram isso em virtude de sua competência para lidar com os sistemas antiquados. Qualquer tentativa de modificar ou substituir os sistemas é geralmente percebida como um ataque à estrutura de poder da organização. Um inovador com a audácia de propor substituições dos sistemas obsoletos é geralmente rotulado de anarquista. Alguém que modificar os sistemas de duas ou mais empresas de modo que elas possam interagir umas com as outras em uma cadeia de valor eficiente terá de enfrentar a oposição e a resistência a mudanças em cada uma das organizações. As palavras de Lou Pritchett em "Stop Paddling & Start Rocking the Boat" [Pare de remar e comece a balançar o barco] não se dirigem aos medrosos. Apesar dos investimentos maciços e do suporte executivo, a Compaq não foi bem-sucedida em fazer sua transformação, pelo menos não no grau necessário para sobreviver como uma empresa independente.

Muitos gestores de nível sênior e executivos chegaram onde estão em virtude de sua habilidade em lidar com os sistemas de uma empresa de produção em massa. Conscientemente ou não, essas pessoas defenderão o que lhes é familiar e resistirão às mudanças. Contudo, a chamada a essa revolução na cultura dos negócios deve encontrar ouvidos atentos nas empresas que sejam competidoras eficazes na customização em massa.

# A engenharia de valor

A eficiência na cadeia de valor é uma das chaves no fornecimento de produtos e serviços customizados a preços menores do que é possível com os concorrentes produzidos em massa. A engenharia de valor e sua ferramenta principal, a análise de valor, são uma metodologia comprovada para melhorar a eficiência de processos de negócios.

Desde sua origem na comunidade industrial norte-americana nos anos 1940, a metodologia de valor reduziu custos desnecessários enquanto melhorava o desempenho nas maiores empresas do mundo. Nos anos 1990, as empresas de consultoria internacional descobriram a metodologia de valor e começaram a recomendar seu uso aos clientes. As empresas a seguir, que aparecem na lista "Global 500" das maiores empresas do mundo da revista *Fortune*, empregam a metodologia de valor:

| | |
|---|---|
| Boeing | BP Amoco |
| Du Pont Co. | Fiat |
| General Electric | General Motors Corp. |
| Hewlett-Packard | Kmart Corp. |
| Lockheed Martin | Mitsubish Motorola |
| Nissan Motor | Northern Telecom |
| Royal Dutch | Toyota |
| TRW | United Technologies |
| Volkswagen | Xerox Corp. |

Vale a pena notar que, embora essas empresas explorem a tecnologia da engenharia de valor, nenhuma delas pode ser considerada como uma empresa de customização em massa. Não são as competências individuais que promovem o sucesso da customização em massa, mas sim sua integração em um ambiente multiprojeto gerenciado que também deve ser alcançado.

## O conceito de valor

O valor de um produto será percebido de maneiras diferentes por clientes diferentes. As características comuns são alto nível de desempenho, capacidade, apelo emocional e estilo, em comparação com o seu custo. O valor de um produto é uma função do grau ao qual a função é maximizada em relação ao custo:

Valor = (desempenho + capacidade)/custo = função/custo

O valor não é só uma questão de minimizar custos. Em muitos casos, o valor de um produto pode ser aumentado quando se aumenta sua função, bem como seu custo, enquanto a função agregada aumenta mais do que o custo agregado. O conceito de valor funcional, então, consiste no menor custo para fornecer uma dada função.

## Introdução à análise de valor

Lawrence D. Miles, engenheiro da General Electric, documentou a disciplina de Análise de Valor (Value Analysis – VA) em 1945 com base na aplicação da análise de função às partes componentes de um produto. A redução do custo do componente era uma maneira eficaz e popular de melhorar o "valor" quando o custo da mão-de-obra direta e do material determinava o sucesso de um produto. A técnica de VA auxiliava nas atividades de redução de custo ao relacionar o custo dos componentes às suas contribuições de função.

A VA define a "função básica" como uma característica que faz com que um produto ou serviço funcione ou venda. A função que é definida como "básica" não pode ser modificada sem mudar a natureza do produto ou do serviço. Funções secundárias, também chamadas de "funções de suporte", descrevem os meios pelos quais as funções básicas são implementadas. As funções secundárias podem ser modificadas ou eliminadas para reduzir os custos do produto.

Quando a VA é aplicada a sistemas e produtos maiores e mais complexos, a ênfase se desloca para as atividades de projeto em que a VA pode ser aplicada de modo mais eficaz a um produto ou serviço antes que ele atinja a fase de produção. Simultaneamente, à medida que os produtos se tornam mais complexos e sofisticados, a técnica é adaptada às abordagens de "sistema". Como resultado, a Análise de Valor evoluiu para a "Técnica de Sistema de Análise de Função" (Function Analysis System Technique – FAST), que será discutida mais adiante.

## O método de análise de valor

A análise de valor é o processo de avaliação das características funcionais de um processo ou atividade. As funções são expressas na forma de duas palavras, com um verbo na voz ativa seguido por um nome. O verbo descreve uma ação que é realizada para produzir um efeito sobre a coisa ou o conceito definido pelo nome. "Realizar um trabalho", "Pagar o salário" e "Comer comida" são funções importantes na vida cotidiana. Os objetivos dos negócios são sustentados pelos processos. Os processos dos negócios, por sua vez, são séries de etapas ou atividades que são realizadas para executar o trabalho do processo. A análise de valor é geralmente realizada no nível da atividade.

Akiyama[4] observa que:

> Bens e serviços têm várias ações. O objetivo da análise de função é revelar cada uma dessas ações e então identificar a natureza dos produtos e serviços aos quais elas pertencem. Todos os produtos e serviços são dota-

4 AKIYAMA, K. *Function analysis: systematic improvement of quality and performance.* Cambridge, MA: Productivity Press Inc., 1991.

dos de certos propósitos por seus criadores. A análise de função revela as intenções ou os propósitos que estão por trás da criação de um produto ou serviço e, por meio disso, identifica a natureza daquele produto ou serviço. Embora os produtos e os serviços existam enquanto objetos físicos ou sistemas, eles não são criados do nada. Eles são precedidos por uma idéia – um conceito – que é a base de sua criação. A análise de função identifica a natureza dos produtos ou serviços ao revelar esses conceitos.

Depois de determinada a natureza de um objeto, torna-se possível conceituar muitas realizações físicas que servem ao mesmo propósito. Subseqüentemente, é possível escolher a realização que entrega um valor ideal a um custo mínimo. Desse modo, o avanço das implementações pode ser projetado.

A decomposição funcional é o processo de perguntar "como" derivar funções de nível mais baixo para cada função de nível mais alto. A composição funcional é o processo de perguntar "por que" derivar funções de nível mais alto para cada função de nível mais baixo. O resultado é um diagrama sistemático ou em árvore das funções que estão dentro do âmbito de uma função de nível superior.

Para a gestão, a função de nível superior da hierarquia de funções da organização é a missão (propósito) da organização. As funções de nível mais baixo a seguir são coisas que a organização precisa fazer (meios) para realizar a missão. Para a engenharia de sistemas e a engenharia de software, a função de nível superior da hierarquia de funções do produto é o propósito do sistema. As funções de nível mais baixo são os meios de realizar o propósito. A análise de função é particularmente útil na superação das barreiras de comunicação no nível de especialidade técnica. Para um grupo multidisciplinar, a linguagem que diz o que o sistema deve fazer é independente da linguagem das disciplinas, mas é comum a todas. Desse modo, a linguagem funcional deve ser uma linguagem escolhida para uma comunicação multidisciplinar.

Creasy[5] oferece exemplos da análise de função na forma de diagramas FAST que são aplicados tanto aos produtos como aos processos.

Um objetivo da análise de valor ou análise de função, ao aprimorar o valor pela redução do relacionamento custo-função, é atingido ao eliminar ou combinar tantas funções secundárias quanto possível.

## Técnica do Sistema de Análise de Função

A Técnica de Sistema de Análise de Função é uma evolução do processo de análise de valor criado por Charles W. Bytheway, um engenheiro de projetos da Sperry Univac, em Salt Lake City, Utah, em 1960. A FAST permite que as pessoas com diferentes conhecimentos técnicos se comuniquem de modo eficaz e resolvam questões que requerem considerações multidisciplinares. A FAST é uma evolução da VA, pois une as funções expressas de modo simples, do tipo verbo-nome, para descrever sistemas complexos.

Com essas definições funcionais em mãos, a equipe pode determinar o que está sendo feito. Também deve ser determinado como, onde, quando e por quem.

5 CREASY, R. *Functional Analysis system technique manual*. Society of American Value Engineers. Northbrook, IL, 1973.

A informação sobre o que está sendo feito é usada de duas maneiras. Primeiro, ela é usada para determinar se a atividade que está sendo executada é mesmo necessária. Isto é feito com a aplicação da regra de três critérios. Para agregar valor, a atividade deve:

1. Fazer diferença para o cliente;
2. Mudar fisicamente ou logicamente o item que está sendo processado; e
3. Ser bem feita da primeira vez.

Em qualquer processo, cada atividade deve satisfazer esses três critérios para ser uma atividade que agrega valor. Se qualquer um desses três critérios estiver faltando, a atividade deve ser eliminada ou substituída.

Segundo, quando uma atividade atende a todos os três critérios, duas novas questões devem ser feitas e respondidas: 1) que outra atividade poderia obter o mesmo resultado, e 2) que atividade poderia ser usada para obter o resultado.

Depois de compreender como uma atividade é realizada, a equipe para melhoria do processo pode formular duas questões parecidas com aquelas feitas sobre o que está sendo feito: 1) de que outro modo o resultado pode ser obtido, e 2) como o resultado deve ser obtido. Geralmente, o propósito dessas questões é descobrir um modo mais simples, mais eficiente ou mais eficaz em termos de custo de realizar o trabalho.

O entendimento de onde, quando e por quem a atividade está sendo feita permite elaborar questões do tipo "onde, quando e por quem mais" e "onde, quando e por quem deveria". O objetivo dessas questões é identificar oportunidades de combinar ou rearranjar atividades para obter resultados de processos ideais com recursos de processos mínimos.

A FAST descreve a atividade ou o sistema que está sendo estudado e permite que a equipe se concentre nas funções que a etapa ou o sistema realizam. A FAST contribui significativamente para a fase mais importante da engenharia de valor, a análise da função. Ela é um estímulo criativo para explorar possibilidades inovadoras de realização de funções. Os esforços de análise FAST devem contar com uma equipe que não só inclua a representação de cada uma das empresas envolvidas na cadeia de valor, mas que também inclua a representação de várias funções dentro de cada empresa.

## Valorizando a cadeia de valor

A metodologia da engenharia de valor e da gestão de valor nos oferece uma técnica comprovada de impelir os processos de negócios para suas formas mais eficazes e eficientes.[6] O mesmo método usado para construir valor em processos internos pode, na gestão da cadeia de valor, ser aplicado entre organizações adjacentes na cadeia e por toda a cadeia.

Dentro da Wal-Mart, a metodologia de gestão de valor já tinha sido aplicada, em 1987, aos processos usados para substituição das mercadorias vendidas na prateleira da loja. O tradicional estoque interno que controlava tarefas como "contar o estoque" à mão, "gerar requisições" e "obter aprovações" foi substituído pelo sistema que está por trás do leitor de caractere ótico do operador de caixa. Além disso, uma série de etapas de processos realizados em vários níveis dentro da Wal-Mart também foi eliminada, combinada ou rearranjada.

---

6 PARK, Richard J. *Value engineering: a plan for invention.* Boca Raton, Flórida: CRC Press – St. Lucie Press, 1998.

Do mesmo modo, o sistema para processamento dos pedidos na P&G foi otimizado internamente. O recebimento de um pedido do cliente resultava em pedidos de materiais e suprimentos, fabricação, expedição e faturamento, tudo com um mínimo de esforço ineficiente e duplicado. Podemos especular que isso também valia para cada um dos fornecedores da P&G. Se cada um e se todos os participantes da cadeia de valor estiverem trabalhando no nível mais eficiente possível, o sistema então será menos eficiente do que se os processos estiverem otimizados em todas as organizações e por toda a cadeia de valor.

Para atingir esse nível de integração, o contato, a coordenação e a cooperação entre as organizações e por todas elas devem atingir um nível extraordinário. O envolvimento de cada um dos departamentos de tecnologia da informação é insuficiente. A engenharia, o desenvolvimento, a produção e o marketing encabeçam uma lista de departamentos que podem agregar valor ao trabalhar tanto com os fornecedores como com os clientes para eliminar, combinar ou simplificar as atividades de processo.

No ambiente da produção em massa, particularmente na versão implementada nos Estados Unidos, a interação entre fornecedores e clientes tem sido normalmente um relacionamento distante e, com freqüência, eles podem ser até adversários. De acordo com a revista *Forbes*, em 1969,

> Sem dúvida, a P&G é a empresa mais antipática no ramo de supermercados. A maioria dos executivos de supermercados fará quase tudo o que for lícito – e algumas coisas podem até não ser – para evitar o crescimento da P&G. A razão é simples. Os supermercados ganham muito pouco dinheiro com os sabões e detergentes da P&G e sentem-se como um peão impotente na máquina de marketing da P&G.

Os Estados Unidos são particularmente propensos a esses relacionamentos, o que é conseqüência da regulação e da legislação antimonopólio, que resultou de concentrações de poder econômico no início do desenvolvimento da versão norte-americana do capitalismo.

A empresa de produção em massa que desejar se transformar em uma empresa de customização em massa precisa não só aprender novas habilidades, mas também deve superar barreiras emocionais e culturais profundamente arraigadas. É preciso que seu pessoal não apenas aprenda a fazer as coisas de um modo diferente, mas aprenda a pensar e mesmo a sentir de maneira diferente. É surpreendente que haja tão poucas empresas de produção em massa preparadas para atravessar esse caminho e que, até agora, poucas tenham feito isso com sucesso. Suas organizações, suas culturas, suas crenças e suas emoções estão todas repletas de resistência ao esforço. Além disso, o sucesso obtido no passado pelas empresas de produção em massa talvez seja interpretado como uma evidência de que qualquer mudança pode ser destrutiva.

O desafio do valor da otimização para o cliente torna-se ainda mais complexo porque cada companhia em uma cadeia de valor é também uma participante de múltiplas cadeias de valor. A P&G não é a única fornecedora da Wal-Mart, e a Wal-Mart não é a única cliente da P&G. Na customização em massa, os componentes de um produto ou serviço customizado são obtidos da melhor fonte disponível. Como essa fonte raramente está dentro da companhia, a empresa de customização em massa fica ainda mais disposta a participar de um grande número de cadeias de valor.

No Japão, essa questão costumava ser tratada por meio do *keiretsu*. O exemplo japonês agora está sendo seguido de perto pelo "Grupo dos Quatro": Hong Kong, Coréia, Cingapura e Taiwan. Não muito atrás fica o "Grupo dos Cinco": Índia, Indonésia, Malásia, Filipinas e Tailândia.

Um *keiretsu* é uma federação de corporações unidas por laços frouxos, normalmente de empresas relacionadas. Ele difere de um conglomerado, que é uma organização mais comum no Ocidente. Em vez de todos os membros serem subsidiários de uma matriz controladora, os membros do *keiretsu* são pares, mas em geral possuem quantidades significativas de ações recíprocas. Eles também costumam ter membros do conselho em comum. O *keiretsu* também difere de um consórcio ou de uma associação porque seu objetivo principal não é partilhar informação ou estabelecer padrões industriais, embora ele possa fazer isso, mas sim compartilhar funções de aquisição e distribuição. Os membros do *keiretsu* são empresas independentes em seu próprio direito. A estratégia que elas têm em comum é dar preferência aos negócios feitos com outros membros do *keiretsu,* tanto de compra quanto de venda.

Os membros do *keiretsu* do mesmo ramo participam de uma "coompetição", a combinação de competição e cooperação. Isso pode ocorrer quando há coisas que os negociantes precisam fazer, mas das quais não podem tirar uma vantagem competitiva. [7] Um exemplo disso seriam duas agências de publicidade que podem competir para fechar um negócio, mas que também podem unir seu poder de compra para comprar móveis de escritório e equipamentos de TI. Fica ainda melhor se houver uma empresa fornecedora de materiais de escritório no *keiretsu.* Isso garantirá um fluxo de negócio e um preço reduzido de produtos aos outros membros do *keiretsu.*

Muitos *keiretsus* são formados de um ou mais bancos que têm interesses semelhantes; de fato, os *keiretsus* são

7 BRANDENBERGER, Adam M; NALEBUFF, Barry J.; BRANDENBERGER, Ada. *CoOpetition: 1. A revolutionary mindset that redefines competition and cooperation; 2. The game theory strategy that´s changing the game of business.* Nova York: Doubleday, 1997.

normalmente formados por bancos de investimento ou por capitalistas especulativos. Um dos mais poderosos durante o *boom* da Nasdaq era formado pelos capitalistas especulativos Kleiner, Perkins, Caulfield & Biers – cujo *keiretsu* incluía a Netscape, a AOL, a Sun, o Google, A Novell e a firma de advogados Wilson Sosini. Observe a avidez da rede para preservar ativos valiosos na venda da Netscape para a AOL e Sun quando ela estava com problemas, e a carreira do ex-funcionário da Sun e CEO da Novell, Eric Schmidt, que depois foi para o Google. Empresas tão diversas quanto a AT&T, DuPont, Lucent, NCR e UPS cooperaram no recrutamento e na gestão de carreira. Quando um funcionário talentoso deixa uma das empresas, torna-se importante mantê-lo na família corporativa. Outros relacionamentos *keiretsu* são do tipo fabricante-fornecedor, credor-devedor e produtor-distribuidor.

Os membros do *keiretsu* podem cooperar para oferecer aos clientes uma experiência contínua em marketing cruzado e programas de fidelidade. Os membros do *keiretsu* tentarão garantir que, quando um cliente solicita um produto ou serviço que eles não podem fornecer, os membros poderão obtê-lo de um outro membro do *keiretsu* a um bom preço. Alguns exemplos disso são os serviços financeiros bem integrados e as organizações de viagem, como a Star Alliance, e o programa de parceria da American Express. Um outro exemplo é o grupo de empresas Virgin. Ele opera em diversos ramos de indústrias, como nas viagens (Virgin Atlantic, Virgin Trains), no varejo (Virgin Megastore, Virgin Cars) e no entretenimento. Os esquemas de fidelidade atraem clientes que compraram um produto Virgin para que considerem a Virgin em compras não relacionadas. O *keiretsu* da Mitsubishi inclui fabricação de automóveis, negócios bancários, construção naval e companhias eletrônicas. Não é comum que os *keiretsus* tornem pública sua existência, e a maioria dos seus membros prefere preservar suas marcas e identidades individuais.

Os *keiretsus* normalmente são criticados pelos que não são membros por serem cartéis anticompetitivos. Há algum mérito nesse argumento, mas os *keiretsus* costumam ser integrados verticalmente em vez de horizontalmente, e competem uns com os outros de modo que nenhum *keiretsu* pode dominar um mercado e fixar preços. É possível que os relacionamentos que existiam entre a Enron ou a WorldCom e seus banqueiros pudessem ser considerados como evidência de *keiretsu*, dependendo do fato de a ação ser de poucos indivíduos ou uma decisão tomada por cada gerência da organização. O fato de que os membros de um *keiretsu* devem agir em prol do melhor interesse de todos os membros, em um mercado interno, significa que a formar um *keiretsu* ou incorporá-lo pode ser uma estratégia poderosa para uma organização que já tem uma idéia clara de seus objetivos e necessidades.

Os dois maiores benefícios de um *keiretsu* consistem na habilidade para:

- Acessar uma rede "fornecedora" e comprar produtos e serviços a um custo reduzido; e
- Alavancar um sistema de "distribuição" compartilhado para seus próprios produtos e serviços.

O conceito é baseado na "força dos números". Negócios pequenos ou individuais não costumam ter reservas ou recursos necessários para tirar vantagem de algumas das mais poderosas oportunidades de obter produtos e serviços que precisam e para colocar seus produtos nos mercados certos. Construir uma massa crítica para os produtos e serviços que estão sendo oferecidos pode ser a chave para construir economias de escala e um negócio sustentável. Quando vários desses negócios pequenos ou individuais se unirem para agir como uma única unidade para fins de aquisição e distribuição, eles alcançarão uma posição competitiva e terão um poder de compra e de pressão geralmente só desfrutado pelas grandes corporações.

O impacto dessas redes em firmas individuais dentro de uma rede surge a partir da diminuição da concorrência e do aumento correspondente da cooperação no relacionamento cliente–fornecedor. Ao reduzir o número de fornecedores de um dado produto ou serviço, uma companhia automaticamente aumentará o volume de negócios que faz com os demais fornecedores. Este aumento no volume é acompanhado de um aumento na influência que o cliente exerce sobre o fornecedor, que pode ser usada de várias maneiras úteis.

As companhias que ainda não estão capacitadas para a customização em massa serão forçadas a otimizar seus produtos e serviços de acordo com as necessidades de seus maiores clientes. Ao projetar sua nova geração de disk drives, a Western Digital ficará mais atenta às exigências antecipadas da Dell do que às da HP/Compaq.

As companhias que oferecem produtos e serviços que estejam com o fornecimento prejudicado, seja essa escassez esporádica, sazonal ou sistêmica, tenderão a dar preferência de entrega a seus maiores clientes. A Toys "R" Us provavelmente terá maior disponibilidade do último brinquedo da moda do que a Tim Tom´s Toys.

Ao escolher a localização de suas novas instalações de produção ou distribuição, as companhias levarão em consideração a localização de seus clientes mais significativos.

E, finalmente, os grandes clientes provavelmente estarão em uma posição de reclamar condições favoráveis em termos de preço, entrega e pagamento. A partir de 31 de julho de 2002, as contas a pagar da Wal-Mart ultrapassaram seu estoque em 1.125 bilhões de dólares. A partir de 2 de agosto de 2002, as contas a pagar da Dell ultrapassaram seus estoques em 7.754 bilhões de dólares. A partir de 30 de junho de 2002, as contas a pagar da IBM ultrapassaram seus estoques em assombrosos 19.184 bilhões de dólares. Todas essas três companhias usaram condições favoráveis como fonte significativa de capital de giro. Tanto nos casos da Dell e da IBM, os investimentos de fornecedores superaram os investimentos dos acionistas por margens substanciais.

## A diferenciação na cadeia de valor

Os produtos e serviços requeridos pela customização em massa não têm todos a mesma importância e nem todos são importantes por motivos semelhantes. Pode ser útil distinguir os pré-requisitos por categorias e desenvolver estratégias de gestão da cadeia de valor que sejam diferentes para cada categoria. Há quatro categorias de características de mercadorias:

**Influência**: as características do aprovisionamento (procurement) de influência inclui volumes elevados, custos elevados, várias fontes alternativas e fontes fornecedoras disponíveis de modo rápido.

**Diferenciador**: as características do aprovisionamento do diferenciador incluem especificações complexas, fontes fornecedoras pouco qualificadas, despesas individuais normalmente grandes e qualidade do produto ou serviço crítica. Essas mercadorias tendem a ser muito importantes para a rentabilidade e para as operações.

**Mercadorias**: as características do aprovisionamento de mercadorias inclui muitos produtos ou serviços alternativos existentes, muitas fontes fornecedoras, itens de valor relativamente baixo e pequenas transações individuais que são facilmente feitas. Essas mercadorias normalmente são itens de uso diário.

**Restrições**: o aprovisionamento de restrições inclui especificações muito complexas que requerem produção ou processos de serviços complexos, poucos produtos alternativos disponíveis e fontes fornecedoras pouco qualificadas. Essas mercadorias podem ter um impacto significativo nas operações em andamento ou na manutenção ou podem envolver nova tecnologia ou processos não testados relacionados com a provisão de um produto ou serviço.

## Estratégias para o aprovisionamento de influência

O objetivo diferenciador para o aprovisionamento de influência é minimizar os custos totais. Com base em suas características, o aprovisionamento de influência provavelmente tem um impacto relativamente alto no negócio e apresenta desafios de fornecimento relativamente baixos. As estratégias neste caso consistem no uso apropriado de vantagens competitivas para reduzir os custos totais, no uso de volumes que se originam de toda a empresa como uma ferramenta de negociação e no emprego de soluções que levam em conta a comunidade de comércio e os leilões reversos.

As práticas importantes associadas com o aprovisionamento de influência incluem:

- Fazer acordos de oferta competitivos;
- Aprovisionamento de consórcio;
- Separar os custos de transporte/gestão;
- Obter serviços com valor agregado de fornecedores que reduzem custos;

- Fazer acordos flexíveis dentro de uma base de fornecedores qualificados;
- Oferecer resposta rápida às mudanças do mercado;
- Trabalhar com comunidades de comércio e leilões eletrônicos.

## Estratégias para o aprovisionamento do diferenciador

O objetivo para o aprovisionamento do diferenciador consiste na diferenciação dos produtos/serviços. Com base em suas características, o aprovisionamento do diferenciador provavelmente tem um impacto um tanto alto nos negócios junto com um desafio de fornecimento relativamente alto. As estratégias neste caso incluem garantir a disponibilidade de longo prazo dos suprimentos, o foco na construção do relacionamento e na integração do processo com os fornecedores e soluções interativas de colaboração em projetos.

As práticas importantes associadas com o aprovisionamento do diferenciador incluem:

- Acordos de longo prazo/duração dos serviços;
- União de projetos de produtos/processos;
- Representação local;
- Processos contínuos de cadeia de fornecedores entre companhias;
- Ligações de sistemas;
- Produto gerenciado pelo fornecedor/serviço de entrega;
- Desenvolvimento de um plano de contingência em conjunto;

- Colaboração em processos de projetos com base na internet.

## Estratégias para aprovisionamento de mercadorias

O objetivo diferenciador para o aprovisionamento de mercadorias consiste em minimizar o custo da aquisição. Com base em suas características, o aprovisionamento de mercadorias provavelmente tem um impacto relativamente baixo nos negócios e também um desafio de fornecimento relativamente baixo. As estratégias neste caso incluem a simplificação e a modernização do processo de aquisição para obter eficiência, reduções de custo e do número de fornecedores, simplificação do processo de fornecimento e soluções que levam em conta a coleção de catálogos e a comunidade de comércio.

As práticas importantes associadas com o aprovisionamento de mercadorias incluem:

- Acordos de longo prazo, acordos de oferta feitos de modo competitivo ou negociados com o fornecedor;
- Uso das especificações do próprio fornecedor;
- Incentivar o fornecedor a substituir, padronizar e usar as especificações da indústria;
- Redução ou eliminação de estoques;
- Terceirização;
- Aprovisionamento de consórcios;
- Fortalecimento do responsável pelo orçamento;
- Pedido de catálogo eletrônico.

# Estratégias para o aprovisionamento de restrições

Os objetivos diferenciadores para o aprovisionamento de restrições consistem em minimizar o número de itens desta categoria para garantir confiabilidade do fornecimento. Com base em suas características, o aprovisionamento de restrições pode ter um impacto relativamente baixo no negócio, mas terá um desafio de fornecimento relativamente alto. As estratégias neste caso incluem redução ou eliminação do risco e exposição a aumento de preço e rompimento com fornecedores, manutenção das fontes fornecedoras existentes e procura por possíveis substitutos dos itens requeridos.

As práticas importantes associadas ao aprovisionamento de restrições incluem:

- Acordos de longo prazo de vida do produto;
- Oferecer razões para que os fornecedores se tornem "preferenciais", o que pode incluir transferência de conhecimento ou tecnologia, exposição no mercado, expansão no relacionamento, melhoria de processos, desenvolvimento de produtos;
- Oferecer ações aos fornecedores;
- Gestão de toda a cadeia de valor, incluindo os fornecedores dos fornecedores;
- Desenvolvimento de fornecedores alternativos.

A gestão eficaz dos fornecedores na cadeia de valor pode ser um diferenciador importante que representa vantagens competitivas significativas. O fornecimento de estratégias deve estar alinhado com os objetivos diferenciadores gerais da companhia e deve dar suporte a eles.

Ao formular as estratégias para fornecimento das mercadorias, as equipes funcionais devem ser desafiadas a participar de decisões que dizem respeito a questões como:

- Avaliação das necessidades de fornecimento, dos relacionamentos com os fornecedores existentes, dos processos de aprovisionamento e da tecnologia de suporte;
- Exame das necessidades internas em comparação com opções externas potenciais para identificar as alternativas de custo total ideais;
- Desenvolvimento de uma visão integrada e orientação para estratégias de fornecimento e aprovisionamento, organização, processo e tecnologia;
- Definição de estratégias para cada mercadoria principal, incluindo custo total de aquisição e posse, desempenho do fornecedor, práticas importantes, benchmarks e outros parâmetros importantes de desempenho;
- Seleção de fornecedores diferenciados e parceiros comerciais;
- Implementação de infra-estrutura de processos e de tecnologia que dará suporte às estratégias de fornecimento desejadas.

## Cadeia de Valor em negócios de prestação de serviços

Todos os processos que se aplicam aos negócios com produtos aplicam-se igualmente aos negócios de prestação de serviços. A Wal-Mart, onde começou a gestão cadeia de valor, é na verdade um negócio de prestação de serviços. Ela não produz nenhum produto, mas presta o serviço de disponibilizar convenientemente milhares de produtos a seus clientes. O Banco da América é um prestador de serviços gigantesco. De modo diferente de seus concorrentes, ele paga seus 142 mil funcionários por meio de cheques ou transações eletrônicas de fundos gerados pela ADP. Certamente o banco obteve economia de escala suficiente ao gerar sua folha de pagamento a preço baixo com a ADP. A confidencialidade das informações da folha de pagamento, no entanto, estava entre as motivações para a parceria.

O Banco da América coleta informações básicas sobre as necessidades de serviço de folha de pagamento de seus clientes. Então ele os coloca em contato com um representante de vendas local da ADP. A ADP, empresa dominante no negócio de folhas de pagamento, argumenta que o Banco da América fornece o melhor serviço disponível a seus clientes.

Em 1996, 27 milhões de transações ocorriam todo dia nos mais de 300 mil caixas automáticos dos Estados Unidos. O trabalho de recolher os depósitos e de repor o dinheiro nas máquinas que não estavam localizadas nos bancos é realizado por dezenas de empresas que se especializaram na venda de caixas automáticos, nos serviços e na gestão relacionados a isso. O trabalho de conectar cada caixa aos computadores de milhares de bancos envolve também um outro grupo de empresas concorrentes, cujos softwares permitem que tanto os bancos quanto as empresas que gerenciam os caixas eletrônicos reconheçam transações extraordinárias que podem requerer resposta imediata. As próprias redes são mapeadas com base na mesma estrutura que usamos para fazer chamadas telefônicas em nossa cidade ou para qualquer lugar do planeta. Agora é possível, em cada cidade do mundo e a qualquer hora do dia e da noite, fazer retiradas de dinheiro em um caixa eletrônico, bem como fazer um depósito em um banco que fica num outro país. Sem uma gestão de cadeia de valor inacreditavelmente complexa, isso nunca seria possível. No entanto, apesar da complexidade, da tecnologia e do número de elos na cadeia de valor, o custo de retirar dinheiro desse modo é muito pequeno.

Customização em massa é a capacidade de satisfazer determinadas necessidades e desejos de clientes individuais a preços que estejam abaixo daqueles dos produtos e serviços produzidos em massa e que somente se aproximam dos desejos de muitos clientes de grandes nichos de mercado.

A customização em massa requer uma integração estreita dos esforços de cada elo na cadeia de valor. Ela também requer que cada elo opere com uma eficiência ideal para que os preços dos produtos e serviços customizados em massa sejam menores que os preços dos produtos e serviços produzidos em massa com os quais competem. Enquanto a gestão da cadeia de valor integra os esforços em toda a cadeia, a produção enxuta deve ser aplicada em cada elo da cadeia.

CAPÍTULO 5

# A PRODUÇÃO ENXUTA

*A produção enxuta é a habilidade de produzir bens e serviços com um mínimo de tempo, mão-de-obra, estoque, trabalho, espaço, retrabalho, desperdício e despesas. Na customização em massa, o tamanho do lote da produção, tanto de bens como de serviços, deve ser reduzido para um.*

Para a cadeia de valor da customização em massa, a produção enxuta irá requerer um esforço para dominar duas tecnologias diferentes. A produção enxuta de partes, peças, montagens e componentes permitirá a produção de bens a preços abaixo do que aqueles obtidos com as técnicas da produção em massa. O serviço enxuto permitirá uma atenção especial às necessidades do cliente e eliminará o seu sacrifício a um custo mínimo.

## A produção enxuta

Em 1903, uma empresa de parafusos de Cleaveland começou a usar uma válvula de motor de automóvel de duas peças ao modificar o processo de fabricação de parafusos. Esse novo processo trouxe uma vantagem competitiva substancial à companhia que, 55 anos depois, tornou-se a TRW. Essa vantagem consistia na redução da mão-de-obra e do desperdício de material associados à válvula de uma só peça ao substituir o antigo processo por um outro que era automatizado e de soldagem elétrica rápida. Para uma única válvula, a economia era insignificante. Mas, com o surgimento da era automobilística, a demanda por válvulas de motores estava em expansão e os volumes de vendas estavam aumentando. Entre 1909 e 1927, a Ford Motor Company produziu mais de 15 milhões de motores do Modelo T com um total de mais de 120 milhões de válvulas.

Na era da produção em massa, pequenas vantagens rendiam grandes lucros devido à economia de escala. Além disso, o automóvel era composto de milhares de partes, cada uma oferecendo uma arena competitiva própria e cada uma com a perspectiva de oferecer grandes vantagens.

Como mostra a Figura 5.1 (página 127), o motor do Modelo T trazia muitas oportunidades para os concorrentes que pudessem produzir mesmo com a menor vantagem de custo. Em conseqüência, muitas áreas em torno dos Grandes Lagos americanos, e muitas outras áreas em todo o mundo, tornaram-se palco das incontáveis empresas de produção em massa que participaram, cada uma a seu modo, do triunfo da industrialização que era a produção em série de Henry Ford. O ápice dessa revolução ocorreu na Segunda Guerra Mundial, com as máquinas construídas no vale do Rur e perto dos Grandes Lagos.

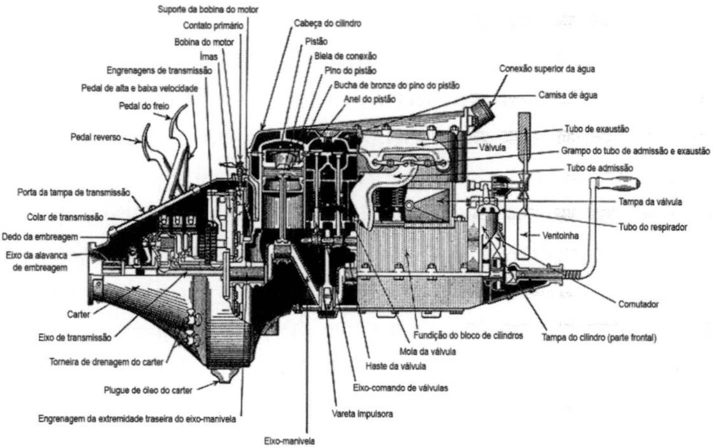


**FIGURA 5.1 O MOTOR DO MODELO T**

Depois dessa grande e decisiva guerra, W. Edwards Deming deu início ao trabalho de ajudar o Japão a reconstruir a sua versão dos Grandes Lagos. Ele já havia chegado a uma conclusão que não tinha sido muito bem recebida em Detroit, Manchester e em Essen: O preço não é o único fator que leva os clientes a se decidirem pela compra. Essa observação não era original nem brilhante. A aplicação dessa observação na reconstrução da infra-estrutura industrial japonesa mostrou, no entanto, que ela era espetacular. O trabalho de Deming no Japão marca o início do fim da era da produção em massa e o começo daquilo que, cinqüenta anos mais tarde, podemos identificar como a customização em massa.

A melhoria contínua do processo, o processo de reengenharia, o processo de reprojeto e a engenharia de valor compartilham um princípio em comum.

O que não tem valor para o cliente deve ser eliminado junto com os respectivos custos.

Há alguns anos, as companhias aéreas reconheceram que os bilhetes não tinham valor para seus clientes. Eles tinham, de fato, um valor negativo porque tinham de ser protegidos. A inovação do bilhete eletrônico esbarrou nas resistências típicas às mudanças, mas a conveniência de só ter de apresentar a identidade está conquistando até os viajantes mais ocasionais. Lá se foram os custos associados à impressão, entrega e coleta dos bilhetes. Ao mesmo tempo, a internet eliminou quase por completo a necessidade de agências de viagens, embora esta e outras heranças devam permanecer pelo tempo que for necessário para que os clientes existentes façam seus ajustes. Novos clientes, no entanto, serão raros.

O que esperar do futuro dessa indústria? As paradas desnecessárias, demoradas e caras no saguão serão eliminadas. A Boeing está projetando uma nova geração de aeronaves menores e mais rápidas para dar apoio a uma indústria que oferece vôos diretos entre muitas cidades. Talvez algum dia seja possível viajar entre dois aeroportos pequenos sem a necessidade de passar por um grande saguão de aeroporto. Para os que viajam a negócio e que consideram que o tempo é de grande valor, a economia de custos será imensa.

A customização em massa acrescenta uma única palavra ao princípio de melhoria do processo: "O que não tem valor para o cliente *individual* deve ser eliminado junto com os respectivos custos".

A eliminação daquilo que não tem valor para o cliente significa a eliminação de mão-de-obra, espaço, tempo de espera, retrabalho, desperdício e despesas desnecessários. Também significa a eliminação de estoques de insumos e produtos desnecessários. Para atingir esse objetivo, são necessárias três táticas: processos internos coordenados, ferramentas inteligentes e altamente flexíveis e sistema de feedback instantâneo.

# O sistema Toyota de produção

A vitória dos aliados na Segunda Guerra Mundial e a quantidade maciça de equipamento por trás dessa vitória chamou a atenção dos industriais japoneses. Eles estudaram os métodos de produção norte-americana com especial ênfase nas práticas da Ford e nas práticas de Controle de Qualidade Estatístico de Kaoru Ishikawa, W. Edwards Deming e J. M. Juran.

Na Toyota Motor Company, Taichii Ohno e seu braço direito, Shigeo Shingo, começaram a incorporar a produção Ford, o Controle de Qualidade Estatístico e outras técnicas numa abordagem denominada "Sistema Toyota de Produção" ou "Produção Just in Time".

O pessoal da Toyota reconheceu que o sistema Ford tinha contradições e falhas, particularmente com relação aos funcionários. Com o general Douglas MacArthur estimulando ativamente os sindicatos de trabalhadores nos anos de ocupação, as atitudes severas de Ford e as estruturas de trabalho aviltantes não funcionavam no contexto japonês. Elas também não funcionavam no contexto norte-americano, mas isso não ficaria evidente por muitos anos porque a "Grande Geração" americana conservava atitudes da Grande Depressão.

A Toyota logo descobriu que os trabalhadores das fábricas podiam contribuir com muito mais além da simples força muscular. Essa descoberta provavelmente originou-se no movimento do Círculo de Qualidade. Ishikawa, Deming e Juran deram grandes contribuições ao movimento da qualidade, culminando com o desenvolvimento das equipes e com a produção celular.

Um sistema de produção *enxuta* é aquele que apresenta um alto rendimento ou demanda de serviço com um estoque muito pequeno. O controle Kanban usa os níveis de buffer de estoque no sistema para regular a produção. Quando um estoque intermediário alcança seu nível máximo predeterminado, a máquina recebe o aviso de parar de produzir aquele tipo de peça.

Inicialmente, isso foi implementado pelos cartões circulantes, os *kanbans*, entre uma máquina e o buffer a jusante (downstream). A máquina precisava de um cartão antes de poder iniciar uma operação. Com o cartão necessário, ela podia apanhar as matérias-primas do seu buffer a montante (upstream), realizar a operação, prender o cartão na peça terminada e colocá-lo no buffer a jusante (downstream). O número de cartões circulando determinava o tamanho do buffer, visto que quando todos os cartões estivessem presos às peças no buffer, nenhuma outra peça poderia ser feita. Quando a máquina apanhava matérias-primas para realizar a operação, ela também desprendia o cartão que estava preso ao material. O cartão circulava então a montante para sinalizar a próxima máquina a montante para realizar uma outra operação. Desse modo, a demanda para uma unidade de bens finalizados filtrava a cadeia de fornecedores.

Em sua implementação atual, o Kanban conta com a comunicação eletrônica entre as máquinas, que são controladas por computadores. Os computadores podem fazer essa comunicação muito mais rápido do que os cartões conseguem circular, portanto o tamanho dos buffers entre as máquinas pode ser reduzido ou eliminado.

As máquinas agora são controladas por computadores. Os mesmos computadores podem, graças a uma combinação de sensores e métodos estatísticos, detectar problemas, às vezes, até mesmo antes de resultarem numa produção que precise ser refeita ou descartada. Eles também podem corrigir os próprios problemas ou notificar pessoas que dêem assistência. O número de pessoas, no entanto, é uma fração do que era antes necessário na produção em massa.

E finalmente, como as máquinas são controladas por computadores, uma nova geração de máquinas está agora disponível, máquinas que podem aceitar insumos que não são idênticos um ao outro, capazes de realizar operações que não são idênticas uma a outra, e capazes de produzir produtos que não são idênticos um ao outro. A seleção do insumo e da operação realizada pode, na verdade, ser customizada de acordo com as necessidades de um único cliente.

Além disso, esta nova geração de máquinas não se limita a uma única operação. É possível fazer combinações de operação em uma única máquina. Essas combinações e trocas podem ser controladas de modo rápido e econômico a fim de produzir uma variante única de um projeto básico ou de produzir projetos totalmente novos. Pelo fato de essas máquinas "flexíveis" possuírem várias capacidades e de operarem em altas velocidades, cada uma delas pode substituir duas, três ou várias ferramentas de produção convencionais. Visto que menos máquinas são necessárias, menos buffers são necessários. Menos máquinas e menos buffers, por sua vez, requerem menos espaço e menos desperdício de tempo entre as máquinas.

Na produção em massa, dezenas, centenas ou milhares de unidades poderiam estar nas máquinas ou nos buffers entre os postos de controle de qualidade. Se a primeira máquina da linha começasse a fabricar produtos fora do padrão, todo o trabalho em andamento daquele segmento da linha apresentaria um produto com defeito antes que o primeiro item defeituoso pudesse chegar ao posto de controle de qualidade, onde o problema seria detectado. Todo esse trabalho em andamento teria então de ser refeito ou viraria desperdício.

A produção enxuta já tem mais de cinqüenta anos de desenvolvimento e é bem compreendida e documentada. O serviço enxuto, no entanto, ainda é muito pouco compreendido e escassamente documentado.

# O SERVIÇO ENXUTO

Nas empresas de produção em massa, o serviço é normalmente o custo oculto de um produto. As empresas de telefonia oferecem essencialmente serviços, ao fornecer elos de comunicação de vários tipos nos quais nenhum produto é vendido, nenhum objeto é entregue e nenhuma propriedade é transferida. Elas também se comportam como empresas de produção em massa, ao projetar "produtos" de funções separadas que podem atender às necessidades de mercados muito grandes compostos não de clientes, mas de assinantes. O custo oculto de lidar com uma empresa de telefonia não aparece até que um pedido de serviço tenha sido feito. Então o assinante aprende que terá de dedicar meio dia para esperar que o técnico de instalação apareça no endereço em que o serviço foi pedido. Mais tarde, quando aparece um problema, o assinante aprende que terá de ouvir uma longa lista de mensagens pré-gravadas, fazer uma série interminável de seleções e ouvir durante vários minutos aquela musiquinha antes de falar com uma pessoa que, é bastante provável, dará a ele um novo número de telefone a fim de que ele consiga resolver o problema que está enfrentando. Em sua colossal ilusão sobre si mesmas, as companhias telefônicas denominam esse processo de "atendimento ao cliente".

Essas interpretações curiosas da linguagem, bem como os processos de negócios que ocorrem junto com elas, não são privilégio dos monopólios de serviços privados ou públicos. O Banco da América se dedica a serviços que são altamente competitivos. Ele ainda emprega a mesma triagem mecânica, a mesma música de espera horrorosa e os mesmos atendentes que "não sabem nada". Se um indivíduo frustrado tentasse contactar os executivos do banco, descobriria que banco tem um departamento de atendimento ao cliente "executivo", empregado como uma defesa de segunda linha, para garantir que os projetistas de produtos e os tomadores de decisão não sejam perturbados pelos "depositantes".

> As empresas de produção em massa estão menos interessadas naquilo que o cliente quer e mais interessadas em vender aquilo que têm para vender.

Em uma companhia de customização em massa, ao contrário, o cuidado com os desejos particulares de um cliente individual orienta todo o processo. Voltando ao nosso exemplo da Booksurge.com, cada etapa do processo de pré e pós publicação é dividida em serviços sensatos. Os editores e autores podem escolher entre eles, fazendo aquilo que desejarem e deixando que a empresa faça a parte que estiverem dispostos a pagar. Cada um desses serviços tem um preço, o que garante que a empresa tenha uma margem de lucro razoável. Ela está mais interessada em conquistar e em manter os clientes do que em misturar serviços que ele não precisa com serviços que ele julgue de valor.

O serviço enxuto satisfaz às necessidades dos clientes com o mínimo de tempo, mão-de-obra, estoques, trabalho em andamento, espaço, retrabalho, desperdício e despesas. A realização desse objetivo ocorrerá como resultado das mesmas táticas usadas para atingi-lo na produção: processos internos coordenados, ferramentas inteligentes e altamente flexíveis e um sistema de feedback instantâneo.

A prestação de serviços envolve normalmente o emprego de pessoas sustentadas por uma infra-estrutura física, que detêm a informação proprietária ou específica, habilidades ou capacidades de fazer para os clientes aquilo que eles não podem ou não quiseram fazer sozinhos. Nas companhias aéreas, por exemplo, existem pessoas que desempenham diversas atividades, desde limpar as poltronas entre os vôos até pousar a aeronave em segurança. A infra-estrutura de aviões, aeroportos, centros de controle de vôo, serviços de navegação em terra, regras e regulamentos e muitos outros detalhes adicionais representam um grande investimento. As próprias companhias aéreas não são as únicas investidoras nessa infra-estrutura. O aeroporto internacional de Denver custou pouco mais de 4,8 bilhões de dólares para ser construído e 160 milhões de dólares para entrar em operação, em 1996.

O que nos leva a fazer negócio com as companhias aéreas não são as pessoas encantadoras ou a infra-estrutura impressionante. Fazemos negócio com elas porque elas podem nos levar de onde estamos para aonde queremos ir de maneira mais rápida do que qualquer outro meio de transporte.

Quando este livro foi escrito, era possível comprar uma passagem de Los Angeles a Las Vegas por 78 dólares. O percurso de carro é de cerca de 415 quilômetros. Ir de carro custaria cerca de 190 dólares, quase 2,5 vezes a passagem aérea. O vôo do aeroporto de Los Angeles até o aeroporto de Las Vegas dura pouco mais de uma hora. A viagem de carro demora de quatro a cinco horas. Para o executivo cujo tempo é precioso ou para o engenheiro sanitário que tem pouco dinheiro, a decisão sobre como viajar parece óbvia. Será mesmo?

Os custos ocultos são fatores decisivos. O tempo gasto para ir do centro de Los Angeles ao aeroporto, o tempo gasto para passar pelo esquema de segurança do aeroporto no mundo pós 11 de setembro[1], o tempo gasto para alugar um carro em Las Vegas, o custo do aluguel do carro e o

1 Referência ao atentado ao World Trade Center, em Nova York, em 11 de setembro de 2001. (N. E.)

custo de estacionar no aeroporto de Los Angeles são fatores importantes que os viajantes devem e vão considerar. Todos os passageiros, com exceção dos menos experientes, provavelmente não querem mais voar. Eles compram passagens aéreas somente para chegar aonde querem ir.

Neste caso em particular, o viajante quer ir para o centro de Las Vegas, e não do aeroporto de Los Angeles para o aeroporto de Las Vegas. O cliente irá perceber que os custos de tempo e dinheiro da viagem incluirão o tempo de viagem para/dos aeroportos, o tempo de passar pelos procedimentos de segurança nos aeroportos e o aluguel do carro em Las Vegas. Estes são exemplos de sacrifício do cliente. A companhia aérea que reduzir ou eliminar esse tipo de sacrifício ganhará uma vantagem competitiva distinta.

Do mesmo modo, um banco que eliminar a necessidade de o cliente visitar uma agência, de fazer uma ligação para qualquer departamento ou de preencher algum formulário desfrutará de uma vantagem competitiva. O supermercado que eliminar a necessidade de o cliente ir até lá, percorrer os corredores, esperar na fila do caixa e carregar as compras para casa eliminará seus concorrentes do negócio.

Nesse processo, as empresas de serviço provavelmente reduzirão os próprios custos. O avião pequeno que pousa e decola de vários aeroportos pequenos não será tão rápido ao consumir combustível quanto os gigantes que normalmente alçam vôo. Menos passageiros em cada parada irão precisar de terminais caros e de várias pessoas de serviço em terra. O banco que processa todas as suas transações eletronicamente não precisará gastar mais milhões para abrir uma agência em cada esquina e eliminará os custos de instalação e o pessoal necessário nas agências. O supermercado eliminará os custos de estoque nas prateleiras, do pessoal de caixa e das próprias prateleiras.

Essa eficiência parece quase impossível. No entanto, há alguns anos, a viagem à Lua parecia impossível.

CAPÍTULO 6

# A ORGANIZAÇÃO DO PROCESSO

A customização em massa leva a companhia a uma estrutura de organização radicalmente diferente. No passado, a empresa tradicional controlava todos os aspectos importantes da produção até os limites do próprio organograma. Qualquer coisa fora do organograma era considerada como um fornecedor que abastecia a produção de matéria-prima ou como um cliente que era o recebedor do produto. Isso é mostrado no diagrama a seguir:

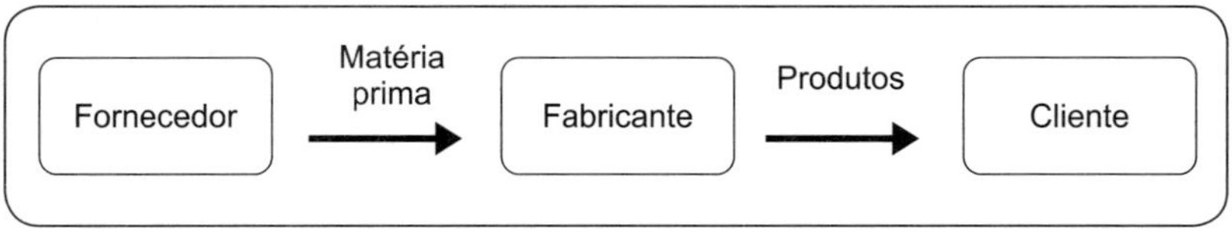


As teorias organizacionais e as práticas de gestão eram sempre alinhadas para otimizar o que acontecia dentro da empresa. Pouca, ou nenhuma, atenção era dada a como os fornecedores secundários geriam os negócios ou mesmo como os clientes operavam, exceto, talvez, no que pudesse estar relacionado com o produto que eles forneciam.

No começo dos anos 1980, empresas como a Hewlett Packard, a Motorola e outras começaram a aplicar programas contínuos para melhoria dos processos. O foco desses programas ainda estava nos processos que ocorriam entre as quatro paredes da empresa. A principal motivação era aprimorar os processos para que as empresas pudessem melhorar a eficiência e diminuir custos. Tudo o que era feito estava sob o controle direto de alguém do organograma.

No final dos anos 1980 e começo dos 90, à medida que as empresas obtinham sucesso ao agilizar a produção, ao enxugar as organizações e ao fazer a reengenharia de seus processos internos, elas começaram a perceber que os processos internos sofriam impactos significativos dos seus fornecedores. As três grandes fabricantes de automóveis, por exemplo, instituíram um programa para cortar pela metade o número de fornecedores e pediram que todos os fornecedores selecionados seguissem certos padrões de qualidade. Solicitaram que os fornecedores seguissem certos programas padrão de melhoria da qualidade e que se concentrassem nas melhorias contínuas do processo. Tratava-se do início do que seria uma tendência contínua de derrubar as fronteiras entre as estruturas organizacionais da companhia e seus fornecedores.

Mas o que tudo isso tem a ver com o modo como as organizações são gerenciadas? A maior parte das teorias tradicionais de gestão é proveniente do pai da gestão científica, Frederick Taylor. Taylor definiu qual seria a melhor maneira de organizar e gerenciar as pessoas a fim de obter um trabalho mais produtivo. Porém, para de fato compreender a contribuição e as limitações daquilo que Taylor criou, precisamos também examinar o contexto de seu trabalho. Taylor estava concentrado no surgimento do empreendimento industrial na virada do século XX quando Henry Ford estava criando o conceito de produção em massa. Os trabalhadores da época não eram bem formados, e Taylor considerou importante que as tarefas fossem divididas em unidades funcionais simples. Isso permitiu que os trabalhadores fossem treinados em certas funções e que, por meio da repetição, pudessem aumentar sua produtividade.

O papel da gestão era compreender as inter-relações mais complexas entre as múltiplas unidades funcionais que compreendiam todo o processo de produção. Cabia à gestão projetar os processos e gerir o fluxo de trabalho do sistema. O papel dos trabalhadores era simplesmente executar as tarefas.

Os gestores pensavam, os trabalhadores executavam. Os gestores projetavam o processo de trabalho, avaliavam sua eficácia, resolviam os problemas que surgiam e faziam mudanças no processo de trabalho. "Não pense, faça" era a mensagem que os gestores transmitiam aos trabalhadores.

Esse modelo é muito eficaz em um processo de produção relativamente simples e estático cuja força de trabalho tem um baixo nível de formação, pouca capacidade de resolver problemas e pouca maturidade organizacional. Nenhum desses fatores, no entanto, aplica-se ao ambiente de negócios dos dias de hoje.

Os recursos e métodos de produção tornaram-se complexos e altamente sofisticados. O ambiente de negócios é mais dinâmico e muda rapidamente a cada dia. A força de trabalho não é só mais bem formada; ela cresceu em um ambiente industrial e conhece melhor as organizações e as dinâmicas organizacionais.

Um exemplo das tendências da globalização e da sofisticação da força de trabalho aconteceu em agosto de 2000. A Amazon.com anunciou um acordo feito com a Daksh, de Nova Delhi, Índia. A Daksh, fornecedora de serviços em processos de negócios terceirizados, tornou-se a organização que responderia às solicitações feitas por e-mail ao atendimento ao cliente da Amazon.com. O objetivo definido por Bill Price, vice-presidente para atendimento ao cliente da Amazon, era garantir ao cliente da Amazon uma experiência contínua.

Ravi Aron, professor de Gestão de Operações e Informações da Wharton, observa: "Os limites da empresa estão sendo reduzidos, por um lado, enquanto, de outras maneiras, estão se expandindo. O que antes era tratado dentro da empresa agora se tornou uma transação de mercado. Uma organização ampliada, na qual as empresas abandonam o controle e se voltam para a monitoração, está emergindo".[1]

"Às vezes, é mais fácil trabalhar com unidades da organização ampliada do que trabalhar com o relacionamento cliente e fornecedor dentro da nossa organização", diz Ron Walters, Master Black Belt do Seis Sigma da unidade HHI da Black & Decker. "Pelo menos com um parceiro externo os resultados finais são claros e o tamanho da responsabilidade final também é claro. Internamente, às vezes, essa medida não fica clara."

Parece óbvio que a organização das empresas de negócio dos dias atuais está sendo ampliada e desafiada de muitas maneiras. A gestão da qualidade total, seis sigma, e a reengenharia de processos de negócios têm levado as empresas a encarar seu processo interno e a se concentrar no fornecedor para interface com o cliente.

Com a terceirização dos processos de negócios, essa tendência está se expandindo para fora da organização. A customização em massa continuará a ampliar essa tendência ainda mais. À medida que as companhias rumam na direção da gestão da cadeia de valor, veremos mais situações em que os processos do negócio principal são terceirizados. Mas eles parecerão e agirão como se fossem uma integração contínua com todos os outros processos internos ou externos, como o exemplo da Amazon.com.

Seja porque as empresas querem obter maior flexibilidade, mais eficiência ou custos menores ou porque estão interessadas em aumentar a produtividade ou fornecer um nível mais alto de atendimento ao cliente, os empresários

1 Managing the extended organization: handling the risks of BPO relationships. Website da Wharton. Disponível em: http://knowledge.wharton.upemm.edu/100902_ss7.html

continuarão a ampliar as organizações para incluir empresas que estão fora dos limites de seu organograma.

O modo como as pessoas e as organizações são gerenciadas estará sob pressão crescente para mudar. A força de trabalho tradicional era gerenciada como um componente de uma máquina organizada rigidamente e projetada, monitorada e dirigida por gestores que exerciam um controle direto e firme sobre o processo de trabalho.

A força de trabalho do futuro avançará cada vez mais na direção de equipes flexíveis de pessoas de várias organizações que estão dentro ou fora dos limites tradicionais da empresa. Elas serão treinadas, realizarão suas tarefas, serão desfeitas e melhoradas de acordo com as necessidades da cadeia de valor.

Para compreender o que ocorrerá com a gestão no ambiente de hoje, examinaremos a natureza das equipes: o que as faz funcionar e o que faz um bom membro de equipe? Observaremos os estilos de liderança e quais deles são os mais adequados para a futura organização. Exploraremos o papel que a cultura desempenha na organização e como criar conscientemente a cultura que dará apoio aos resultados desejados para a organização. Finalmente, iremos investigar como escolher os processos e as estruturas organizacionais corretas que aumentarão a probabilidade de sucesso das equipes.

## As equipes não são criadas do mesmo modo

Usamos o termo "equipe" para nos referir a um grupo de pessoas que se juntaram para atingir algum objetivo ou meta. No entanto, uma equipe parece ser um pouco diferente de um grupo de trabalho ou departamento. Quais as características de uma equipe que a mantém separada de outros grupos de pessoas que se reúnem para atingir uma meta comum? A fim de responder a essa questão, vamos examinar a associação mais comum que se faz com o termo "equipe", uma equipe esportiva.

Há certos atributos que tendemos a associar com uma equipe esportiva. Trata-se de um grupo de pessoas que trabalham juntas de uma maneira muito tranqüila, sem esforço. Elas respondem às ações da equipe oposta com uma coordenação de esforço entre os jogadores que parece acontecer naturalmente. Parece não haver necessidade de muita comunicação, reuniões ou forças-tarefa. Às vezes, parece que os membros da equipe podem mesmo antecipar as ações de seus colegas. Quais as características de uma equipe esportiva que cria esse tipo de alto nível de desempenho entre seus membros?

Qualquer esporte é caracterizado por um conjunto bem definido de regras. O objetivo é claro. As pessoas sabem o que leva à vitória. Cada jogador na equipe tem uma certa posição e sabe qual papel desempenhar. Todos sabem o que se espera que os outros membros da equipe façam e quando e como sua posição interfere nas outras posições. Ninguém espera que o goleiro lance a bola para um jogador do time adversário nem que o jogador faça um gol contra.

Além disso, as habilidades necessárias para o sucesso são bem definidas. Cada jogador tem a oportunidade, fora do jogo, de praticar essas habilidades. Também há rotinas bem definidas, um manual de regras, se for desejado. A equipe também pratica suas jogadas fora do tempo de jogo. Isso permite que os jogadores trabalhem as interferências, entendam os pontos fortes e fracos de cada um e melhorem as habilidades individuais, bem como a dinâmica entre os jogadores. O grupo forma uma equipe para se tornar uma máquina bem ajustada em que muitas pessoas trabalham como se fossem uma só.

Nós observamos as equipes esportivas e nos perguntamos: "Por que meu grupo de trabalho não pode fazer isso?". Uma das razões é porque o jogo dos negócios não é estabelecido como um jogo esportivo.

O jogo dos negócios tem alguns componentes iguais aos de uma equipe esportiva. Há objetivos definidos e uma meta a cumprir. Também há um oponente a vencer, isto é, o concorrente. No entanto, há algumas diferenças marcantes e significativas.

As regras do negócio estão constantemente mudando, e à medida que avançamos na direção da customização em massa, o jogo mudará de acordo com cada interação com o cliente. O que constitui um jogo vitorioso será um pouco diferente de um cliente para outro.

Além do mais, o jogo dos negócios não pode ser facilmente praticado fora do campo de jogo. Ele é jogado em tempo real. As regras do jogo são reescritas a cada nova situação de negócio que surge. Mas quando a equipe pode praticar o novo jogo? No mundo da customização em massa, em especial, o último jogo será de pouca utilidade para a situação seguinte.

Mesmo se pudéssemos desenvolver um conjunto de jogos padrão, quando haverá tempo para a equipe praticar essas rotinas? O jogo dos negócios precisa ser jogado em tempo real. Precisamos aprender as habilidades necessárias enquanto jogamos o jogo e trabalhar juntos como equipe ainda que tenhamos tido o luxo de praticar como equipe.

Examinaremos um outro exemplo de grupos que se reúnem para atuar como equipe. A produção de um filme tem muitas semelhanças com o modo como prevemos que os negócios do futuro trabalharão com as equipes. Um grupo de pessoas com várias habilidades (atores, iluminação, câmeras, projeto de cenários, eletricistas, ajudantes de palco e outros) se reúnem por um período de determinado tempo para atingir um objetivo bem definido, fazer o filme. Elas se juntam, produzem e se separam. Talvez algumas delas trabalhem juntas de novo em um outro filme, mas provavelmente farão parte de uma outra equipe e de um outro projeto. E esta nova equipe irá se esforçar para trabalhar junta do modo mais tranqüilo e eficaz, como fazem as melhores equipes esportivas.

Ao avançarmos com rapidez para o mundo da customização em massa, precisamos considerar esses modelos de equipes eficazes e achar maneiras de aplicar suas lições aos ambientes de negócios. Por exemplo, podemos examinar a criação de um produto para um cliente específico como se fosse o "making of" de um filme. As equipes se juntam, trabalham no produto e então se separam, e um arranjo diferente de pessoas forma uma nova equipe para o produto seguinte.

Se alguém tiver um time de basebol, nunca jogará outro jogo a não ser o basebol. Uma equipe de basebol não desenvolveria por si só a corrida de stock-car, o frisbee ou o snowboarding. Uma equipe de basebol também nunca decidiria mudar os oito jogadores... ou talvez animar o jogo ao permitir que a outra equipe use bolas de tênis como meio de distrair o adversário. Do mesmo modo, a companhia de customização em massa restringirá sua contribuição ao jogo e às regras, bem como a uma família de produtos definidos e a um mercado relativamente estreito, que permita que ela seja competitiva.

Por fim, e muito importante: as equipes desenvolvem a própria personalidade. A própria equipe pode se tornar mais importante do que o problema. A customização em massa poderia ser energizada de maneira eficaz por uma equipe de experts. Afinal, quem sabe mais sobre jogar na primeira base do que aquele que pratica todo dia?

# Atributos de uma equipe eficaz

Antes de determinar como criar uma equipe de negócio eficaz, precisamos primeiro definir as características de uma equipe eficaz. Por isso, podemos usar como modelo as equipes esportivas ou a equipe de um filme.

Um dos atributos das equipes vencedoras é o modo impecável como os membros da equipe trabalham juntos. Como vimos anteriormente, todos sabem qual é o seu papel, sua posição na equipe, o que é esperado de cada um e o que se pode esperar dos outros membros da equipe.

Os membros de uma equipe eficaz também têm uma meta ou objetivo comum. De fato, um dos atributos que poderiam diferenciar uma equipe de um grupo é que todos os membros da equipe estão trabalhando para atingir uma meta comum. Não só sabem o que querem alcançar, mas também se alinham para saber como poderão alcançar o que querem.

Equipes eficazes exibirão níveis altos de confiança, respeito e mesmo admiração entre os membros. Há um senso, da parte de cada membro, de que o seu bem-estar está sendo considerado pelos outros membros da equipe. Eles recebem apoio dos demais membros da equipe e, por sua vez, os apóiam. Também há um alto nível de cooperação. Os objetivos e as necessidades da equipe e os outros membros da equipe estão no topo das prioridades de cada membro. Os membros encorajarão um ao outro na superação de obstáculos pessoais e na procura de novos padrões de desempenho.

Os membros da equipe reconhecem e agem não como indivíduo independente, mas como indivíduo interdependente. À medida que a equipe trabalha para atingir a meta pretendida, cada membro de equipe tem o compromisso de realizar sua tarefa individual, enquanto reconhece que a própria tarefa depende dos demais membros da equipe e eles dependem também de sua tarefa.

Os membros da equipe têm uma comunicação aberta e honesta. A informação flui livremente entre eles. A informação não só inclui as tarefas relacionadas com ela mesma, mas também a informação sobre a eficácia do processo e sobre o relacionamento e as interações entre os membros da equipe. Uma parte igualmente importante dessas habilidades de comunicação é a habilidade de se realimentar sobre as mesmas três dimensões da tarefa, do processo e dos relacionamentos. Esse livre fluxo de informação permite que as equipes continuem centradas na meta, tendo a capacidade de se ajustar com rapidez e fazer correções baseadas em um *feedback* acurado.

As equipes eficazes possuem membros com as habilidades necessárias para a realização da tarefa. Além de ter as habilidades, os membros da equipe contribuem ativamente e de boa vontade com essas habilidades em prol da equipe. As equipes eficazes usarão a sabedoria coletiva da equipe para desenvolver soluções criativas que ninguém sozinho poderia desenvolver. Esta característica é normalmente chamada de sinergia de equipe.

Finalmente, as equipes eficazes terão membros que sentem um forte senso de pertencer à equipe, de lealdade, de identificação com a equipe, e também orgulho da equipe. São as seguintes as características das equipes eficazes:

- Regras claramente definidas;
- Expectativas claras a respeito de si mesmo e dos outros membros da equipe;
- Compromisso com uma visão comum;
- Alinhamento de visão, propósito, metas, tarefas e métodos para a realização de tarefas;
- Níveis altos de confiança e respeito mútuo;
- Apoio dos membros da equipe;

- Cooperação;
- Encorajamento;
- Padrões de comportamento interdependentes;
- Comunicação aberta e honesta;
- Fluxo livre de informação (tarefa, processo, relacionamento);
- Dar e receber feedback;
- Habilidades necessárias;
- Contribuições de conhecimento exclusivo, sabedoria, insights e habilidades;
- Sinergia de equipe;
- Identificação com a equipe e orgulho dela.

A criação de uma equipe eficaz e de alto desempenho começa com os membros individuais da equipe. Embora seja útil ver a equipe como uma entidade única e entender as características que definem uma equipe de alta performance, as equipes são formadas de indivíduos e cada indivíduo irá somar ao desempenho da equipe ou subtrair dele. Vamos analisar o que faz um grande membro de equipe.

## Atributos de um membro de equipe eficaz

Cada pessoa que se torna parte de uma equipe trará com ela uma série de características, habilidades, pontos fortes e fracos. Embora seja útil considerar um membro de equipe ideal, é muito improvável que encontremos o candidato perfeito. Por essa razão, na construção de uma equipe precisamos primeiro saber quais são as características ideais de um membro de equipe e então saber como desenvolver essas características em indivíduos que não as possuem no princípio.[2]

A primeira característica que atribuímos a um membro de equipe competente é o conjunto de habilidades necessárias que lhe permitem realizar as tarefas das quais o restante da equipe dependerá. Sem essas habilidades, normalmente referidas como habilidades técnicas, um membro de equipe não poderá realizar os deveres e as responsabilidades esperados.

A competência técnica também pode ser identificada como ter o conhecimento técnico necessário, a capacidade de desempenhar essa habilidade com um nível muito alto e de dar atenção apropriada aos detalhes e à qualidade e de poder executar esse nível de performance de modo consistente.

Mas a competência técnica, embora seja absolutamente obrigatória, não é a única habilidade requisitada para um notório componente de equipe. Infelizmente, ela é a principal, ou mesmo a única habilidade considerada em um processo de seleção para um membro de equipe. As habilidades a seguir são tão importantes quanto ela. A falta dessas habilidades essenciais raramente pode ser compensada pela pura competência técnica.

Visto que fazer parte de uma equipe requer interações com os outros membros, a habilidade de se comunicar eficazmente é fundamental. Isto significa que os membros da equipe precisam procurar uns pelos outros, compartilhar suas idéias e ouvir as idéias dos outros. Talvez a habilidade mais importante seja a de ouvir.

O ato de ouvir assume muitas formas. A primeira, é claro, é garantir que ouvimos de modo correto e completo o que a outra pessoa está dizendo. Este é um desafio para

---

2 As características que se seguem são estabelecidas com base nos conceitos e no material retirado de: MAXWELL, John C. *The 17 essential qualities of a team player: becoming the kind of person every team wants.*Tennessee, Nasville: Thomas Nelson, 2002.

muitos, pois estão tão ocupados em preparar suas respostas que na verdade não ouvem toda a mensagem. Mesmo para aqueles que ouvem a mensagem completa, eles estão na verdade ouvindo para que possam apresentar seu ponto de vista ao concordar ou não com o que está sendo expresso.

Em contraste, um bom ouvinte não só ouve a mensagem da outra pessoa e verifica se compreendeu corretamente antes de responder, mas também procura e vê valor naquilo que o outro disse. Essa etapa extra reconhece o valor do outro.

Quando ouvimos desse modo, iremos invariavelmente descobrir que nosso conhecimento se expandiu, pois ver o valor do ponto de vista do outro requer que nós criemos um entendimento que não tínhamos antes. Se no fim das contas concordamos ou não, não é o ponto. Compreender o valor do que os outros estão dizendo expande nosso entendimento do tópico e então nos tornamos mais esclarecidos do que éramos. Do mesmo modo, quando compartilhamos nossos pontos de vista, nossa visão exclusiva do mundo, nós esclarecemos e engrandecemos nossos companheiros de equipe. Assim, o todo torna-se maior do que a soma das partes individuais. Esta comunicação aberta cria um ambiente em que cada um é verdadeiramente valorizado e estabelece as bases para a confiança e a cooperação.

A confiança é, talvez, o alicerce de todos os relacionamentos interpessoais eficazes. Isso é especialmente verdadeiro dentro de uma equipe. Uma equipe verdadeira é altamente interdependente, e saber que estaremos "seguros", uma outra maneira de experimentar o conceito de confiança, é fundamental. Com o termo "seguro" nos referimos à habilidade de saber que nada ruim irá acontecer a nós.

Estar seguro freqüentemente pode ser traduzido como ser bem-sucedido. O sucesso, no entanto, pode ter diversos significados. Ele pode significar que nós não seremos ridicularizados ou constrangidos (se formos bem-sucedidos, não ficaremos constrangidos). Pode significar que estamos seguros financeiramente (se formos bem-sucedidos, não seremos demitidos). Cada indivíduo tem as próprias necessidades de segurança, mas no fundo, todo mundo quer saber que pode confiar nos outros membros da equipe e assim se sentir seguro.

Os membros da equipe devem ter a habilidade de cooperar. Ninguém pode alcançar sozinho o que uma equipe alcança em conjunto. Para realizar isso, cada membro da equipe deve estar disposto a colocar a equipe à frente de si mesmo.

Para alguns, isso é mais fácil do que para outros. Em geral, a cultura em que somos criados tem uma forte influência em nossas equipes e em nossa orientação individual. Não importa onde nos encaixemos, precisamos aceitar que nossas metas, objetivos, desejos e necessidades pessoais serão atendidos quando a equipe atingir seus objetivos.

Por exemplo, uma pessoa pode ter uma necessidade forte de gerar muita riqueza, algo que é uma prioridade alta para aquele indivíduo. Se essa pessoa acredita que a melhor maneira de gerar riqueza é certificar-se de que a equipe atingirá seus objetivos, então o indivíduo provavelmente irá garantir que a equipe atinja seus objetivos. Mesmo que o indivíduo tenha de desistir de algo no processo, se isso ajudar a assegurar que a equipe vencerá, então o indivíduo também vencerá. Desse modo, é extremamente importante que os indivíduos tenham um alinhamento de suas metas pessoais com as metas da equipe. Se isso acontecer, será quase uma reação natural os indivíduos se concentrarem na equipe acima deles mesmos. Ao fazer isso, eles também estarão ajudando a si mesmos. Assim sendo, a habilidade de cooperar e de colaborar é derivada da habilidade de ver além do aqui e agora e de alinhar as necessidades individuais com as necessidades do grupo.

Uma vez que o mundo dos negócios está sempre mudando, os grandes membros de equipes são adaptáveis. Alguns compromissos, algumas concessões mútuas serão inevitáveis, já que o indivíduo trabalha com os outros membros da equipe. Alguém que é duro e rígido provavelmente será menos capaz de lidar com as concessões mútuas. Além disso, à medida que o ambiente ou as situações mudam, mesmo uma equipe bem estabelecida terá de mudar. Isso significa que haverá novas exigências e novas concessões a serem feitas.

Para que os indivíduos sejam adaptáveis, eles terão de estar seguros consigo mesmos e confiantes. Caso contrário, acharão que as novas exigências são ameaçadoras e resistirão a elas. Eles precisam estar abertos ao aprendizado e ser criativos com relação ao modo como irão encarar essas novas exigências.

Com os membros de equipe que são bastante adaptáveis, a equipe será capaz de aprender e de expandir suas capacidades gerais. Eles terão uma capacidade maior de encarar as novas oportunidades e de responder a elas de modo novo, criativo e inovador.

Os membros da equipe também devem estar inteiramente comprometidos com a visão, as metas e os objetivos da equipe. Embora quase todos concordem que uma pessoa que não está comprometida não irá dar o melhor de seu desempenho, o que nem todos conhecem é o poder real do comprometimento. Um comprometimento verdadeiro e profundo conta com a mente inconsciente do indivíduo, que tem um poder de criação fenomenal. Em geral, com essa fonte de criatividade, as soluções novas e inovadoras serão descobertas intuitivamente, sem um entendimento lógico de como isso ocorreu. O comprometimento promoverá uma atitude positiva e confiante que energizará tanto o indivíduo como a equipe.

O comprometimento não é um evento único, pois ele será sempre testado. As pessoas e a equipe serão desafiadas em momentos e situações difíceis. Sua fé e suas crenças serão desafiadas. As coisas parecerão desanimadoras e as chances de sucesso poderão parecer remotas. É neste momento que as pessoas têm de encarar uma escolha importante. Elas perderão a fé em seu compromisso e tentarão outra coisa ou se empenharão de novo? Nesses momentos desafiadores, o verdadeiro comprometimento pode ser percebido. Ao escolher se comprometer novamente com a equipe, com a visão, com as metas, de modo contínuo e consciente, a chance de sucesso será muito maior. Sem o comprometimento, o fracasso é quase garantido.

No ambiente da comunicação em massa, as pessoas podem ser solicitadas a comprometer seus maiores esforços com a seqüência de esforços da equipe. Elas também podem estar ligadas a múltiplas equipes ao mesmo tempo. Com todos esses comprometimentos ocasionalmente trabalhando uns contra os outros, o indivíduo de fato determinado encontrará uma maneira de satisfazer a cada um deles.

Por fim, o membro de uma equipe deve exibir um nível grande de paixão, concentrar-se no que é positivo e sempre procurar soluções. Isso é especialmente importante porque quem não estiver orientado pela solução, estará orientado pela falha. Este é um modo de garantir que não somos nós os causadores de problemas. No entanto, é mais eficaz para a equipe se os indivíduos concentrarem sua energia em como resolver o problema em vez de tentar encontrar o causador do problema.

As características das equipes eficazes incluem os itens a seguir:

- Habilidades técnicas;
- Competência na execução das habilidades;
- Boa capacidade comunicativa;

- Ouvir com a intenção de aprender e valorizar;
- Compartilhar os pontos de vista;
- Contribuir para o engrandecimento da equipe;
- Confiança e notabilidade;
- Cooperação;
- Habilidade para enxergar além do imediato;
- Habilidade para alinhar necessidades pessoais às metas da equipe;
- Ser adaptável;
- Ser seguro emocionalmente;
- Comprometer-se, comprometer-se e comprometer-se;
- Ser entusiasmado e positivo;
- Orientar-se para soluções.

# A formação da equipe

Na criação das equipes, é importante lembrar que sempre há dois aspectos paralelos no jogo, o objetivo e o pessoal. O aspecto objetivo é a razão pela qual a equipe é formada. Ele está concentrado em uma missão, em uma meta ou em um problema que tem de ser resolvido; dá forma ao programa de trabalho externo do grupo; define as metas e as tarefas a serem realizadas.

O aspecto pessoal consiste em todos os outros programas de trabalho trazidos ao grupo pelos seus membros, tanto consciente quanto inconscientemente. Ele forma a base das dinâmicas interpessoais que surgirão na interação entre os membros do grupo; está enraizado na história pessoal e nas crenças dos indivíduos, e é normalmente conhecido como a "bagagem" que as pessoas trazem com elas.

"Você poderia me dizer, por favor, qual caminho devo seguir agora?"

"Isso depende muito de onde você quer chegar", disse o Gato.

"Não estou muito preocupada com isso", disse Alice.

"Então, não importa qual caminho seguir", disse o Gato.

"Contanto que eu chegue em algum lugar", explicou Alice.

"Oh, você certamente fará isso, é só andar bastante", disse o Gato.

**ALICE NO PAÍS DAS MARAVILHAS**[3]

O aspecto objetivo na criação de uma equipe é geralmente o mais fácil. Ele pede objetivos estabelecidos com clareza. Sem saber o que deve ser feito, é improvável que a equipe seja capaz de realizar algo com sucesso. As metas devem ser bem articuladas, o que significa que cada membro da equipe deve entender bem o que será realizado. Não deve haver ambigüidades com relação ao objetivo. Embora possa haver incerteza sobre como realizá-los, não deve haver incerteza sobre o que será feito.

A meta deve ser algo que eleve e edifique a equipe. Ela deve amalgamar e direcionar a energia da equipe no sentido da realização. Já tivemos muitas teorias sobre gestão, como o estabelecimento da missão e dos valores, e, mais recentemente, a "visão". Como quer que seja chamada, a intenção é garantir que a meta, a missão

3 Texto de Lewis Carrol, ilustração de John Tenniel.

ou a visão energizem, expandam, animem e avivem os membros da equipe em termos pessoais e emocionais. A mensagem deve ser constituída de algo mais do que as palavras. Ela precisa criar um senso de propósito, de significado e de paixão.

Ao conquistar o coração, você tem um ser humano completo. Caso contrário, você terá apenas suas mãos. Com um ser completo, você tem energia física, mental e espiritual. Se a equipe quer ser flexível, ágil e responsiva no mundo da customização em massa, ela precisará que todas essas energias fluam com sucesso.

Desse modo, a primeira exigência para criar uma equipe eficaz é garantir que a meta, o objetivo, a missão e a visão sejam bem articulados, claramente compreendidos, e que atraiam a pessoa inteira para ser membro de uma equipe.

O próximo componente objetivo é garantir que a equipe compreenda quais são os recursos disponíveis e as restrições. Há uma cena impressionante no filme *Apollo 13* em que reúnem um grupo de cientistas e engenheiros porque o módulo de comando não está eliminando dióxido de carbono e a vida dos astronautas corre perigo. Dizem à equipe que eles precisam trabalhar apenas com o que está disponível a bordo do módulo de comando. Colocam sobre a mesa uma caixa de peças. "Isso é tudo o que eles têm lá em cima, e isso é tudo o que vocês têm para trabalhar. Senhores, vocês não podem falhar", foi a mensagem.

Quando uma equipe entende direito o que está disponível e o que não está, ela pode se concentrar em alcançar os resultados esperados de maneira concreta. Quando os recursos e as limitações não ficam claros, a equipe irá perder tempo procurando por recursos que não estão disponíveis. Seria mais fácil operar em um ambiente de recursos ilimitados. Mas esta não é uma abordagem realista, pois sempre há limitação de recursos. Quando uma equipe sabe claramente o que está e o que não está disponível, ela é desafiada a concentrar sua energia em obter os resultados de maneira criativa, mesmo com a limitação de recursos.

A equipe deve também compreender quais são as prioridades e ter um mecanismo para fazer ajustes que coordene as mudanças em toda a equipe. Será sempre necessário fazer escolhas entre várias oportunidades. Para saber o que escolher, a equipe precisa compreender quais objetivos são mais importantes de atingir e quais não o são.

Como a mudança no ambiente leva a mudança nas prioridades, as equipes precisam de mecanismos para rever continuamente as prioridades e fazer ajustes onde e quando necessário. As mudanças nas prioridades precisam ser efetivamente comunicadas a todos os membros da equipe. Se as metas, os recursos e as prioridades estiverem bem definidos, a equipe pode continuar com a análise, o planejamento e a execução do plano.

Os aspectos pessoais na criação da equipe são mais complexos porque eles lidam com os indivíduos e suas carências, necessidades e desejos. Com freqüência, essas necessidades não são expressas de modo consciente e podem nem mesmo ser percebidas conscientemente pelo indivíduo.

Todos chegam a uma equipe com experiências, tanto positivas quanto negativas, que trazem até da infância. Essas experiências atuam como filtros que alteram a percepção do indivíduo sobre o ambiente atual e a situação em que ele se encontra. Quando uma pessoa está numa situação que evoca uma experiência antiga, a sua reação ao evento pode ser mais uma resposta aos eventos passados do que ao evento atual. Por exemplo, alguém que tenha crescido em um ambiente agressivo pode ter uma reação exagerada contra um membro da equipe que tenha um estilo agressivo, mesmo que a agressão lhe não seja dirigida. Não é a pessoa ou a situação atuais que estão causando a reação, mas a bagagem do passado que a pessoa traz para a equipe. Pelo fato de tais dinâmicas serem muito complexas, os líderes geralmente tentam ignorá-las ou deslocar a situação do pessoal para o objetivo. Embora isso possa ter algum mérito no curto prazo e possa até mesmo acalmar a questão fundamental por um tempo, inevitavelmente ela irá reaparecer, em geral em uma situação menos apropriada.

Os líderes podem ter um impacto maior no desempenho da equipe ao ajudar os indivíduos a superar suas experiências passadas. As equipes podem ajudar algumas pessoas a superar sua orientação de "vítimas". O ambiente da infância de uma pessoa pode tê-la deixado com pequeno ou nenhum senso de responsabilidade final pelos resultados. Ao permitir que essas pessoas sejam responsáveis pelas próprias ações, os membros da equipe podem ajudar muito para que elas se tornem colaboradoras mais eficazes.

Quando assumirem a responsabilidade pelas próprias ações em vez de sentirem que o mundo está dominando sua vida, elas podem começar a fazer escolhas e a agir. As ações escolhidas provavelmente produzirão resultados positivos para o indivíduo e para a equipe.

Dadas as características pessoais de cada membro da equipe e as dinâmicas de suas interações interpessoais, a criação de uma equipe requer a construção de um clima de segurança, de confiança e de cooperação. As pessoas devem experimentar o apoio de outros membros da equipe e do restante da organização. Cada membro deve experimentar o aumento de sua auto-estima e de sua autoconfiança.

LaFasto e Larson[4] identificaram dois comportamentos que são os mais importantes no relacionamento das equipes: a abertura e o apoio. Eles descrevem a abertura como sendo a habilidade de suscitar e de lidar com as questões

---

4 LAFASTO, Frank M. J.; LARSON, Carl E. *When teams work best: 6.000 team members and leaders tell what it takes to succeed. Thousand Oaks,* California: Sage Publications, 2001.

objetivamente. O apoio é definido como a capacidade de trazer à tona os melhores pensamentos e atitudes de outra pessoa.

A psicologia humanística de Maslow[5], Alderfer[6] e outros identificou três forças motivacionais básicas e fundamentais em todas as pessoas. A primeira é que todos os seres humanos querem ser desafiados. Existe um constante desejo humano de crescer e aprender.

A segunda é a necessidade que temos de contribuir. Todos os seres humanos querem sentir que fazem diferença. Querem sentir que estão dando uma contribuição valiosa para alguma causa nobre e que de algum modo estão deixando para trás um mundo melhor do que quando chegaram.

A terceira é que todos os seres humanos têm necessidade de pertencimento. Não somos seres solitários. Somos seres sociais. Não só queremos interagir com os outros, mas é muito importante para nós sentir que somos parte de uma comunidade, de uma tribo. É por isso que nos associamos a vários grupos, organizações e causas. Também é por isso que a pressão para igualar-se tem uma grande influência sobre nós e porque normalmente estamos participando de uma ação, mesmo que não concordemos com ela.

As características da criação de uma equipe eficaz incluem os itens a seguir:

- Objetivo
    - claro, com metas articuladas que energizam e animam;
    - Definição clara dos recursos e das limitações;
    - As prioridades devem ser compreendidas;

---

5 MASLOW, A. H. *Motivation and personality.* Nova York: Harper and Row, 1970.
6 ALDERFER, C. P. *Existance, relatedness and growth: human needs in organizational settings.* Nova York: The Free Press, 1972.

  - Mecanismos para lidar com a mudança das prioridades e a comunicação dessas mudanças.
- Pessoal
  - Lidar com a pessoa como um todo – ajudá-la a crescer pessoalmente, emocionalmente e espiritualmente;
  - Criar um clima de confiança, segurança e cooperação;
  - Criar um clima de abertura e apoio;
  - Ajudar cada indivíduo a ter um sentimento de aprender, de contribuir e de pertencer.

## A ORIENTAÇÃO DA EQUIPE

O papel do líder mudou com os anos. No passado, o importante era a gestão. O papel do gestor era a alocação de recursos escassos para produzir um resultado desejado. As organizações eram vistas como entidades mecânicas parecidas com um relógio complexo. Assim como uma máquina, elas operavam de modo previsível. Embora haja muitas peças em movimento no relógio, mesmo aquelas de alta precisão, o todo pode ser entendido se conhecermos cada componente. Para fazer o relógio funcionar melhor, é só melhorar as peças.

Neste conceito de organização, as pessoas também eram consideradas peças. As equipes eram só um agrupamento de pessoas e só mais um dente na engrenagem do grande relógio. Nessa gestão as coisas eram feitas pelas pessoas, mas elas eram apenas partes de um grande relógio. As coisas serem feitas pelas pessoas significava controle das ações e do comportamento dos funcionários.

Douglas McGregor[7] examinou o comportamento dos indivíduos no trabalho e formulou dois modelos, que ele chama de Teoria X e Teoria Y.

## Suposições da Teoria X

- O ser humano médio tem uma aversão inata pelo trabalho e irá evitá-lo, se puder;
- Por causa de sua aversão pelo trabalho, a maioria das pessoas tem de ser controlada e ameaçada para que trabalhem o suficiente;
- O ser humano médio prefere ser dirigido, não gosta de responsabilidades, é objetivo e deseja a segurança acima de tudo.

"Essas suposições pairam sobre a maioria dos princípios organizacionais de hoje (1960), e dão origem tanto a uma gestão 'rigorosa', com punições e controles estreitos, como a uma gestão 'branda', que busca a harmonia no trabalho. Os gestores da Teoria X, sem contar suas crenças, definem o papel e o comportamento esperado dos funcionários, criando, com efeito, uma previsão de auto-cumprimento."

Em alguns casos, não houve muitas mudanças desde o tempo de McGregor. O controle ainda é um padrão forte nas gestões. O controle, é claro, implica em conseguir que as pessoas executem aquilo que se quer que elas façam. Na verdade, pode-se conseguir que elas executem aquilo que se quer que elas façam enquanto elas deixarem. O medo normalmente aumenta o grau de autoridade que uma pessoa

7 McGREGOR, Douglas. *The human side of enterprise.* Nova York: McGraw-Hill, 1960.

atribui a um gestor. Se as pessoas estiverem com medo de perder seu trabalho, então elas darão ao gestor autoridade para dirigir suas atividades. Mas se elas perderem seu medo, o gestor perderá toda a autoridade em controlá-las.

O controle é uma força limite, não uma força expansiva. Ele torna-se uma batalha pelo poder e contém o fluxo de energia. É um jogo que soma zero. Embora possa funcionar por um período de tempo, ele não funcionará para sempre. No fim, até os escravos se revoltam. Em toda a história da era industrial, vemos os trabalhadores de uma fábrica sempre exigirem melhores condições de trabalho, condições de trabalho em que sua atividade possa ter um significado maior e que proporcione mais autonomia sobre o processo de trabalho e mesmo sobre o produto.

Recentemente, o downsizing em massa dos anos de 1980 mudou para sempre o contrato social implícito entre os trabalhadores e seus empregadores. O downsizing e o rightsizing acabaram com o tempo em que os trabalhadores eram fiéis a seus empregadores e motivados a proporcionar um "bom dia de trabalho por um salário justo". Os empregadores também não esperavam que seus funcionários tomassem conta deles.

De acordo com a velha organização, os funcionários delegavam uma certa autoridade para que o empregador dirigisse e controlasse seu trabalho e seu comportamento. Isso, naturalmente, se encaixava muito bem na visão de mundo das organizações como máquinas, onde os trabalhadores aceitavam ser mais uma engrenagem do mecanismo em troca de um emprego fixo.

Mas quando os trabalhadores, mesmo aqueles que tinham um ótimo desempenho, foram dispensados, o velho contrato social chegou ao fim. Os funcionários não tinham mais nenhuma razão para delegar aos empregadores a autoridade de dirigi-los e controlá-los. Agora eles queriam sentido para seu trabalho, queriam crescer em seu trabalho e expandir suas habilidades. Queriam tornar-se mais "aptos para o mercado" porque, com maior regularidade, tinham de encontrar uma outra posição.

Esta mudança nas necessidades dos funcionários também mudou o papel do líder. Eles não eram mais meros gestores, que determinavam os recursos, dirigiam e controlavam o processo de trabalho. Eles precisavam aprender a obter o melhor de cada indivíduo e a criar um ambiente em que as equipes podiam ter o seu melhor desempenho, criando uma sinergia de esforços.

Depois de mais de quarenta anos, estamos começando a ver as aplicações das suposições da Teoria Y de McGregor.

## Suposições da Teoria Y

- O gasto do esforço físico e mental no trabalho é tão natural quanto agir ou descansar;
- O controle e a punição não são as únicas maneiras de fazer com que as pessoas trabalhem. O homem conduzirá a si mesmo se estiver comprometido com os objetivos da organização;
- Se a pessoa estiver satisfeita com seu trabalho, o resultado será o comprometimento com a organização;
- O homem médio aprende, sob condições apropriadas, não apenas a aceitar, mas também a buscar responsabilidade;
- A imaginação, a criatividade e a simplicidade podem ser usadas por um grande número de funcionários para resolver problemas de trabalho.
- Sob as condições da moderna vida industrial, as potencialidades intelectuais do homem médio só são parcialmente utilizadas.

Podemos supor quais são as habilidades de que um líder agora precisa, partindo dos atributos de uma equipe eficaz e do que ele precisa para montar uma equipe. O líder precisa estabelecer uma visão clara, atrativa e energizante para a equipe. Ele precisa estabelecer objetivos e prioridades claros, ele precisa definir quais são os recursos disponíveis e as limitações e fronteiras da operação.

Um líder precisa demonstrar o mesmo, senão maior, desejo de se comprometer, especialmente nas situações mais desafiadoras. Se ele perder a fé na visão e na missão, então é provável que a equipe também desista.

Os líderes precisam ser excelentes comunicadores. A habilidade de ouvir ativamente e de fazer com que os outros falem é fundamental. Na sua melhor acepção, ouvir é a capacidade de se conectar com o coração. Quando uma pessoa sente que realmente está sendo ouvida, não só pelas palavras que está dizendo, mas por toda a mensagem – suas necessidades, carências e desejos estão sendo ouvidos –, ela se sente importante e apreciada.

O líder precisa se colocar na posição do trabalhador. Eles estão lá para atender suas equipes, para ajudar a equipe a se tornar melhor naquilo que faz, para oferecer os recursos necessários às suas equipes, para encorajá-la quando as coisas se tornarem difíceis e para oferecer à equipe o feedback a fim que ela possa fazer ajustes, se necessário. Observe como isso difere da visão de gestão da Teoria X.

Os próprios líderes precisam ser apaixonados por aquilo com que estão comprometidos. Sua paixão será contagiosa e tomará conta do resto da equipe. Sem paixão, a equipe por fim perderá o ânimo e acabará fazendo um trabalho mecânico. Assim como um indivíduo que está fingindo, uma equipe sem paixão só irá fingir, e perderá a garra de vencer. É a paixão do líder que estimula a paixão da equipe.

O líder é um técnico. Como técnico, ele avalia os pontos fortes e fracos de cada membro da equipe e o ajuda a melhorar. Ele dará à pessoa um feedback sobre o que está funcionando e o que não está, e apresentará maneiras alternativas de lidar com a situação. No entanto, fica por conta do indivíduo realizar as ações necessárias para a melhora. O técnico dá apoio aos esforços que o indivíduo faz para mudar, oferecendo encorajamento e resposta às tentativas de melhora.

Um líder quer capacitar sua equipe a agir. Essa capacitação simplesmente significa oferecer aos membros da equipe o poder de tomar as decisões que permitirão atingir os objetivos. Uma fórmula simples a seguir é "poder = escolha". No entanto, para fazer uma escolha eficaz, as pessoas precisam de conhecimento. O conhecimento precisa ser visto como "conhecimento = informação + experiência"; a informação é baseada no contexto e em dados estabelecidos, e a experiência = total das lições da vida.

O líder pode fortalecer um empregado ao permitir que ele sempre esteja na posição de escolha. Não importa qual seja a situação, há sempre um modo de colocar o funcionário na posição de fazer uma escolha.

Ao dar ao funcionário a habilidade de escolher, também é importante que o líder guie o funcionário de modo que as escolhas feitas, tanto quanto possível, levem a resultados positivos. Este é o papel do conhecimento e do aprendizado. Quanto mais conhecimento temos sobre um assunto, mais provável será que façamos escolhas que levem aos resultados desejados. O conhecimento pode ser visto como uma combinação de informação e experiência. A informação é o dado que temos sobre uma situação ou evento que é formado no contexto da situação. A experiência é a soma das lições que aprendemos dos eventos anteriores de nossas vidas.

Aplicamos nossas experiências à informação que temos e tiramos uma conclusão sobre as escolhas que fazemos. Nós sobrepomos nossas experiências à informação que temos com a expectativa de que os resultados sejam os mesmos de situações anteriores. Naturalmente, há ocasiões em que a aplicação de nossa experiência à informação não produz os resultados esperados. Tiramos novas conclusões a partir dessas situações, refinando nossos modelos e crenças, e as adicionamos à nossa experiência.

O papel de um líder é avaliar o conhecimento e a experiência de cada membro da equipe. Também é papel do líder oferecer aos membros da equipe oportunidades de ampliar seu conhecimento, seja fornecendo novas informações seja pela experiência. O resultado é uma equipe mais capaz de fazer escolhas que levem a resultados positivos.

Ao conhecer o domínio de conhecimento de cada membro da equipe, o líder será capaz de garantir que cada membro possa dar uma contribuição positiva à equipe. Ele também conseguirá guiar e facilitar o crescimento de cada membro da equipe. Ao fornecer aos membros as oportunidades apropriadas de expandir sua base de informação e suas experiências, o líder permite que eles cresçam e aprendam.

## A importância do sistema

Antes de terminarmos esta seção sobre a criação de equipes, é importante anotar o papel que o ambiente desempenha na eficácia de uma equipe. W. Edwards Deming, o guru do movimento pela qualidade, observou que 15% dos erros é resultado de desempenho pessoal, enquanto 85% resulta do sistema.

O sistema é o processo que organiza os esforços de uma pessoa ou um grupo de pessoas. A política e os procedimentos de uma organização, as ferramentas que ela usa, os mecanismos que fornecem a informação, as medições usadas para acompanhar os resultados e a cultura dão suporte a tudo dentro de uma organização.

O impacto da cultura ilustra a observação de Deming muito bem. É provável que uma equipe que processa os pedidos terá um objetivo claramente definido para processar os pedidos corretamente e de maneira apropriada. A cultura de sua organização também pode estabelecer que, ao final de cada trimestre, cada possível pedido que poderia ter sido processado seja de fato processado. É comum tais objetivos não serem documentados. Entretanto, os novos funcionários são rapidamente apresentados a essas práticas pelos funcionários mais antigos. É desse modo que a companhia faz negócio. A meta documentada de preencher os pedidos corretamente pode ser vítima do objetivo não documentado de expedir tantos pedidos quanto possível no final de cada período contábil. Visto que alguns pedidos podem ser preenchidos de forma incorreta, pode haver impactos negativos na fabricação, nas vendas e certamente no cliente.

O uso de avaliações é uma outra oportunidade de o sistema causar grande impacto sobre os resultados. As pessoas provavelmente se comportarão de modo a otimizar as avaliações usadas para medir seu desempenho. Um vendedor avaliado estritamente em receitas de pedidos trará pedidos. Aqueles pedidos que causarem perda de dinheiro para a companhia são de pouca importância para o vendedor, que está otimizando a própria avaliação. Se essa medição mudar do total de receitas para a margem bruta, podemos antecipar seguramente que o volume de vendas irá cair. Isso representa o impacto dos componentes do sistema otimizando o próprio sucesso, como definido pelas avaliações, com pouca consideração para com o todo. Em qualquer sistema complexo, a meta é otimizar o todo. Em geral, isso requer a subotimização dos vários componentes.

Em contraste, as organizações tradicionais têm sido operadas por gestores que têm a responsabilidade de cuidar de sua parte do sistema e de fazer o melhor para tornar aquela parte mais eficiente. A teoria do sistema nos ensina que não é a otimização de componentes que é importante, mas a otimização do todo.

O problema com a otimização dos componentes é que ela ignora as interfaces entre eles. Não é bom que o vendedor traga um pedido de valor alto se a margem bruta for tão baixa que a companhia não possa ter lucro. Não é bom que o departamento que processa os pedidos coloque as coisas em ordem no final do trimestre, o que resultará em clientes insatisfeitos. Se não considerarmos o impacto de cada componente no todo e as interdependências de cada componente com relação ao outro, então acabaremos por subotimizar o desempenho.

## A criação das equipes no mundo da customização em massa

A customização em massa tornará a criação de equipes com alto desempenho mais importante do que nos demais modelos de negócio. A customização em massa irá pedir que as companhias sejam mais flexíveis em sua resposta ao mercado. O grau de flexibilidade que uma companhia resolve oferecer irá determinar o grau de flexibilidade que ela precisará para formar e melhorar as várias equipes. Visto que as equipes irão se formar, realizar as tarefas e então se dispersar, com uma formação diferente para a próxima tarefa, o desafio de criar e liderar equipes de alto desempenho irá aumentar. O sucesso em tal ambiente dependerá muito dos componentes descritos nas seções anteriores. Terão de ser selecionados indivíduos que apresentem muitas qualidades relacionadas à equipe. Como não haverá muito tempo, os líderes terão de ser especialmente capacitados para o processo de formação da equipe e na construção de elos interpessoais necessários para as equipes altamente eficazes. Eles precisam compreender o processo de reunir e formar uma equipe. As equipes de sucesso estarão muito mais concentradas no processo do que na tarefa a ser feita.

O líder da equipe deve definir as metas da equipe de modo rápido e claro e identificar os recursos disponíveis e as restrições. Os líderes de sucesso prestarão atenção particular ao ambiente e se comunicarão, se comunicarão e se comunicarão. Há pouco tempo para a ambigüidade e a incerteza.

O ambiente deve ser projetado para permitir uma formação rápida da equipe. As avaliações individuais devem estar alinhadas com o grupo e a otimização do sistema como um todo. A cultura será valorizada quando houver confiança, quando o aprendizado for valorizado e quando as pessoas forem fortalecidas. As políticas e procedimentos devem ser flexíveis. Os sistemas de informação devem fornecer acesso aos dados operacionais de modo rápido e fácil. Além disso, eles devem fornecer a capacidade de produzir e melhorar os dados para que se tornem uma informação útil, dependente da situação.

Na customização em massa, a tomada de decisões deve ser rápida e eficaz. Ao capacitar as equipes a tomar decisões, o atraso inerente às tomadas de decisões hierárquicas pode ser eliminado. Ao capacitar as equipes, os riscos de uma tomada de decisão individual incorreta podem ser substancialmente reduzidos. Ao mesmo tempo, a tomada de decisões pela equipe resulta rapidamente na ação, no aprendizado e na melhora de desempenho da equipe.

CAPÍTULO 7

# A GESTÃO MULTIPROJETOS

O sucesso da customização em massa depende da confiabilidade e da velocidade na entrega do produto. Isso significa que a companhia que escolhe a customização em massa como modo de fazer negócio irá desenvolver e usar uma metodologia de planejamento de projetos muito rápida e confiável para a criação e a entrega de produtos e serviços. Essa metodologia deve levar em consideração todos os outros projetos que estão em andamento, seu *status* e prioridades, os recursos existentes, as considerações financeiras e as restrições de suprimentos.

A customização em massa demanda que cada pedido do cliente seja considerado como um projeto separado, com data de entrega própria, com um conjunto de atividades a ser realizadas e com uma equipe responsável pela execução do projeto bem-sucedida e no tempo certo. Embora cada pedido do cliente possa ser exclusivo, ele deve ser integrado com outros pedidos que resultarão numa combinação exclusiva de atividades que devem ser realizadas com um conjunto limitado de recursos organizacionais. Isso não significa que as atividades de qualquer projeto individual sejam necessariamente exclusivas. O sucesso da abordagem da customização em massa depende da habilidade para definir e descrever um conjunto de atividades típicas que constituem o processo de negócio central da companhia. Sua combinação, dependência, volume de trabalho a ser feito e duração podem ser exclusivos em qualquer projeto, mas a maioria das atividades a ser realizada será uma repetição de tarefas familiares. A formalização dos processos de negócios que já existem e aqueles em potencial que são necessários para satisfazer às necessidades do cliente são um pré-requisito essencial para a customização em massa.

Este capítulo descreve os processos de execução do pedido do cliente em companhias que usam uma abordagem de gestão multiprojeto para organizar seus negócios. A metodologia usada depende da natureza das atividades da organização. Se os pedidos forem de longo prazo e caros, como a construção de uma casa, então há tempo para uma gestão contínua da execução do pedido, e o custo dessa gestão será apenas uma fração do custo do projeto. Se os pedidos forem rápidos, de baixo custo e houver muitos deles, então uma abordagem menos sofisticada economizará tempo e dinheiro. A principal diferença entre essas duas abordagens é como elas tratam a gestão do risco. No primeiro caso, uma simulação de risco contínua é apropriada. No segundo caso, os riscos podem ser acomodados simplesmente pela adição de um custo razoável e reservas programadas. Para todos os outros aspectos da gestão de projeto, a abordagem é a mesma.

A customização em massa significa que as decisões a respeito de custo e duração da entrega do produto ou serviço devem ser tomadas de maneira rápida e eficaz. A duração do projeto e as estimativas de custo devem ser muito precisas e confiáveis. O conjunto de ferramentas que pode ser desenvolvido e usado para atender a essas exigências inclui um pacote de software de gestão de projetos, um sistema de codificação, um banco de dados de projetos da companhia, uma biblioteca de projetos fragnet e um escritório de projetos. A palavra *fragnet* é derivada de "network fragment" (fragmento de rede). Os projetos fragnet normalmente representam um típico pacote de trabalho que pode ser encontrado em muitos projetos, embora com diferentes volumes de trabalho.

# Ferramentas

## Software de gestão de projetos

O software de gestão de projetos é uma ferramenta necessária para o planejamento e controle rápidos e confiáveis dos projetos de customização em massa. Normalmente, o número de projetos é muito grande para uma atribuição de recursos manual e para uma previsão apropriada da duração e do custo do projeto. Uma outra razão para usar o software de gestão de projetos é a velocidade da tomada de decisão, necessária para a customização em massa. Uma tomada de decisão demorada leva a atrasos na execução, a custos adicionais e à insatisfação do cliente.

Neste capítulo ilustraremos a metodologia sugerida para a gestão de projetos de customização em massa usando o Spider Project – um pacote de software de gestão de projetos muito usado na Rússia. As abordagens sugeridas, no entanto, não exigem o uso desse software em particular.

## Sistema de codificação

O sistema de codificação dos objetos do projeto (atividades, recursos, calendários, atribuições, componentes de custo) deve ser o mesmo em todos os projetos da companhia para permitir a criação e a análise de um modelo de computador multiprojeto. Será útil criar sistemas de objetos de projeto, de códigos exclusivos e de tipos de objetos de projeto. Os objetos do mesmo tipo dividem algumas ou todas as características. Por exemplo, um conjunto de recursos que tem as mesmas habilidades e qualificações pode ser considerado como um tipo. Um conjunto de atividades que representam o mesmo tipo de trabalho a ser feito também constitui um tipo, ainda que o âmbito, o volume ou o local de trabalho sejam diferentes.

## O banco de dados de projetos da companhia

Como a velocidade é fundamental para a eficácia do custo e para a satisfação do cliente na customização em massa, a construção de planos de projeto para cada item vendido deve ser feita o mais rápido possível, com o uso de um sistema que automatize o processo o mais amplamente possível. Para esse propósito, é útil organizar bancos de dado de projeto como a seguir:

a) **Componentes do custo**. Este banco de dados contém a lista dos componentes do custo (salários, taxas, custos de material etc.) que são usados pela organização para o planejamento de custos e a análise do desempenho.
b) **Cômputo dos custos**. Este banco de dados é usado para o planejamento e a análise de desempenho da unidade organizacional.
c) **Recursos**. Todos os projetos devem usar os mesmos códigos de recursos e outras características. O banco de dados de recursos é comum a todos os projetos e inclui todos os recursos que são usados ou que podem ser usados nos projetos da empresa. Qualquer mudança nesse banco de dados de recursos disponíveis pode se refletir em todos os projetos que estejam usando, ou usarão, os recursos.
d) **Função dos recursos (habilidades)**. Um banco de dados que deveria ser elaborado com detalhes

significativos é o banco de dados de função dos recursos. Qualquer conjunto de recursos que possam desempenhar a mesma função na execução da atividade deve ser incluído em um *pool* de atribuição de recursos. Uma função atribuída pode ser desempenhada com o uso de qualquer recurso desse *pool*. Quem executa o trabalho depende de alguém que esteja livre no momento da execução da atividade. Os recursos que pertencem ao mesmo *pool* de atribuição podem executar a mesma atividade, embora possam ter diferentes taxas de produtividade e diferentes custos. A substituição de um recurso que pertence ao *pool* por um outro na hora da real atribuição da atividade pode levar a mudanças na duração da atividade e no custo. O *software* deve fazer a escolha com base primeiramente na disponibilidade de recursos, depois nos requisitos planejados e, por fim, no custo.

e) **Recursos consumíveis (materiais)**. É útil ter um banco de dados separado para lidar com os recursos consumíveis. Além da diferença na definição de dados de recurso (custo da unidade em vez do custo de hora de trabalho), os recursos consumíveis podem ser utilizados pelos recursos não consumíveis (por exemplo, um carro que usa gasolina). As taxas normais de utilização de um material de recurso devem ser incluídas no banco de dados de recursos junto com o custo da unidade de trabalho do recurso.

f) **Custos de material e de fornecimento de uma unidade de volume de trabalho (metro, libra etc.) de qualquer tipo de atividade**. Uma atividade deve ser caracterizada pelo seu tipo e pelo volume de trabalho a ser feito. O tipo de atividade define o que deve ser feito, e o volume define quanto deve ser feito. Por exemplo, a entrega de pizza é o tipo de atividade, o número de pizzas a ser entregue é o volume. Para cada pizza, o fornecedor terá de comprar a embalagem, os guardanapos, o molho e outros produtos suplementares. O banco de dados contém os materiais necessários para a execução de uma unidade de volume da atividade. Quando os dados desse banco de dados são transferidos para os projetos da companhia, eles são multiplicados pelo volume de trabalho real necessário para aquele projeto em particular.

g) **Custo de uma unidade de volume de trabalho (metro, libra etc.) para um tipo de atividade**. O custo de uma unidade de volume do mesmo trabalho deve ser o mesmo para atividades semelhantes em todos os projetos da companhia, embora o abatimento da inflação tenha de ser considerado.

h) **Produtividade dos recursos em atribuições semelhantes**. Para fins de planejamento, a taxa de produtividade de recursos para o trabalho de um único tipo deve ser a mesma para todos os projetos da companhia que precisam de um trabalho daquele tipo. Recursos diferentes podem ter uma produtividade diferente para o mesmo trabalho, dependendo do seu tipo, por exemplo, máquinas diferentes que poderiam ser usadas para realizar a mesma atividade ou trabalhadores com qualificações diferentes. A duração da atividade é calculada com base no volume de trabalho a ser feito e na produtividade planejada do recurso atribuído.

i) **Carga de trabalho dos recursos em atribuições semelhantes**. Os recursos, pessoas e maquinário podem desempenhar várias atividades em paralelo, mas o número de atividades em que um recurso pode estar envolvido é calculado com base na divisão do tempo de trabalho que precisa ser empregado em cada um deles.

j) **Multirrecursos**. Algumas atividades devem ser desempenhadas por equipes de recursos conhecidas. Essas equipes são chamadas multirrecursos, e é mais conveniente atribuir equipes em vez de um grande número de recursos individuais. A composição da equipe pode mudar e é necessário poder modificar os recursos que formam as equipes, e ver essa mudança se refletir em todos os projetos da empresa.

Cada companhia terá informações adicionais, características de seu negócio ou ambiente, que devem ser incluídas em uma coleção robusta de recursos de projetos e bancos de dados de atividade. Instalações compartilhadas, como um laboratório de interferência eletromagnética, por exemplo, devem ser reservadas com antecedência e podem não estar disponíveis no tempo mais eficiente para um determinado projeto.

## Biblioteca de fragnet

A biblioteca de projetos fragnet é uma outra ferramenta valiosa necessária para criar de modo rápido e confiável a tecnologia de gestão multiprojetos. Os projetos fragnet geralmente representam pacotes de trabalho semelhantes que precisam ser encontrados em vários projetos, embora com diferentes volumes de trabalho. Normalmente, os projetos fragnet representam os processos básicos da criação de um produto (montagem de peças, transporte de um lugar para outro etc.) ou procedimentos de suporte (tomada de decisões e autorização).

Em termos técnicos, um projeto fragnet é um modelo de pacote de trabalho pequeno e computadorizado que está pronto para ser incluído em um modelo de projeto real. A inclusão de um fragnet em um plano de projeto inclui automaticamente as atividades, recursos, atribuições, elos, custos e tudo o que é necessário para fins de programação e orçamento. Um âmbito de atividade do trabalho, ou volume de trabalho, deve ser definido para todas as atividades fragnet de um projeto. A duração da atividade dependerá da produtividade dos recursos atribuídos. Recursos diferentes podem ter produtividade diferente, mesmo que desempenhem a mesma função e realizem a mesma tarefa.

O propósito da criação de uma biblioteca de projetos fragnet é descrever todos os pacotes de trabalho que possam ser usados em qualquer projeto da customização em massa. Embora os projetos da customização em massa sejam exclusivos, eles ainda consistem de um conjunto de pacotes de trabalho semelhantes. Seu número, dependências e volumes provavelmente irão diferir de um projeto para outro.

Os projetos fragnet que servem de exemplo para o negócio de publicação de livros incluem edição de texto, formatação, impressão e despacho. Vamos considerar o fragnet edição de textos em detalhes. As atividades iniciais são: 1) receber o texto do autor; 2) escolher os editores que estão qualificados para realizar a edição (isso dependerá da área de aplicação, se o livro for científico); 3) informar aos editores sobre o trabalho que será feito; 4) receber a confirmação de que eles estão prontos para iniciar o trabalho; 5) envio do texto do livro; 6) processo de edição; 7) receber o texto editado; 8) envio ao autor para verificação. A verificação do trabalho editado pelo autor pode resultar numa segunda rodada de edição e verificação, um evento de risco, seguida pelo recebimento do texto verificado. A programação do projeto "fragnet" de edição é apresentada na Figura 7.1.

A maioria das atividades que constituem esse projeto fragnet é impulsionada pela duração ou por indicadores, mas a edição e verificação dependem do número de páginas a ser editadas. A qualificação do editor especifica o número de páginas que ele poderia editar em uma hora, a produtividade do recurso. Se houver mais de um editor em potencial, então eles constituem um *pool* de atribuição, "editores". No projeto fragnet esse *pool* será atribuído à atividade de "edição". A escolha do editor que fará o trabalho será feita depois que o fragnet estiver incluído em um projeto real e dependerá da disponibilidade do editor no momento da execução da atividade planejada. A verificação também é padronizada e um autor sabe que terá de verificar um certo número de páginas por dia.

| Nome | Volume | Unidade de volume | Produtividade | Unidade de produto | Duração, horas | Custo total |
|---|---|---|---|---|---|---|
| Edição | | | | | 81.0 | 700.0 |
| Receber o texto | 1.0 | | | | | |
| Escolher os editores | 1.0 | | | | 8.0 | |
| Informar os editores | 1.0 | | | | 1.0 | |
| Receber a informação | 1.0 | | | | | |
| Enviar o texto | 1.0 | | | | 1.0 | 50.0 |
| Edição | 100.0 | páginas | | | 50.0 | 600.0 |
| Editores | | | | | | |
| Editor 1 | 100.0 | | 2.0 | p/h | 50.0 | 600.0 |
| Receber texto editado | 1.0 | | | | | |
| Enviar para os autores | 1.0 | | | | 1.0 | 50.0 |
| Verificar | 100.0 | páginas | | | 20.0 | |
| Autor | 100.0 | | 5.0 | p/h | 20.0 | |
| Verificação recebida | 1.0 | | | | | |

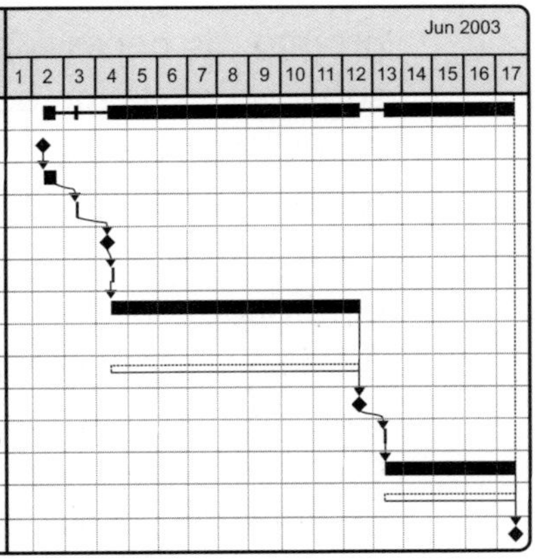


**FIGURA 7.1 - EDIÇÃO DE TEXTO**

O número de páginas de texto nesta atividade fragnet deve ser especificado quando a quantidade real for conhecida, e o fragnet será então inserido no modelo de projeto.

# Escritório de projetos

No ambiente da customização em massa, os vários projetos devem lutar pelos recursos limitados disponíveis para o empreendimento. Os projetos devem ser geridos como partes de um portfolio de projetos em vez de entidades independentes. Um escritório de projetos é um expediente desejável para a gestão dos projetos de customização em massa. Um escritório de projetos típico inclui as funções a seguir:

a) **Metodologia**. Define o conjunto de metodologias de gestão de projetos que são usadas nos projetos da empresa. A metodologia de gestão de projetos usada em qualquer projeto deve ser escolhida a partir de um conjunto definido, de acordo com o tamanho do projeto, as necessidades e os parâmetros. Entre as subfunções da metodologia estão o treinamento e a consultoria para gestão de projetos, a biblioteca de fragnet, a criação de bancos de dados de projetos, a manutenção e a verificação e as avaliações de qualidade e risco.
b) **Análise**. As principais funções incluem simulação e análise por computador de multiprojetos. Quando necessário, as pessoas são designadas para as equipes de gestão de projetos a fim de ajudar os gestores de projetos na criação e gestão dos modelos de projetos por computador, no planejamento e na análise de dados do projeto.
c) **Arquivos**. Esta função armazena os arquivos de projetos, cria estudos de caso e analisa as lições aprendidas.
d) **Gestão de portfolio**. Esta função inclui o gestor multiprojeto e seu staff. As responsabilidades incluem não só a gestão multiprojeto, mas também a gestão do escritório de projetos.

## Planejamento de projetos para o processo dos pedidos

As organizações que fazem muitos produtos de baixo custo em uma produção de curta duração normalmente usam uma abordagem determinística para o planejamento do projeto, somando algumas reservas de contingência para o custo e a duração calculada do projeto. Se os produtos forem caros e a duração da produção for longa, então será útil simular os riscos do projeto e estabelecer as datas para entrega do pedido e os custos com base na análise de risco completa e nos resultados da simulação desenvolvida por meio da abordagem probabilística.

## Abordagem determinística para planejamento do processo dos pedidos

Antes de aceitar o pedido e de iniciar sua execução, as etapas a seguir devem ser cumpridas pela pessoa responsável pelo bom desempenho. A meta principal da simulação por computador é confiável e prevê os custos e a duração do atendimento ao pedido do cliente. Ela levará em consideração quaisquer restrições de recursos e o envolvimento do pessoal em outros projetos. Essa previsão será usada na tomada de decisões sobre o custo e a duração necessária para a entrega dos produtos ou serviços solicitados.

**Etapa 1 – Definir critérios mensuráveis para o sucesso do pedido**

Este critério deve ser negociado com o cliente e aprovado por ele.

**Etapa 2 – Avaliar o cliente**

Clientes diferentes têm necessidades e qualificações diferentes. Esta etapa determina quais tarefas deveriam ser executadas pelo cliente ou junto com ele. Tempo, custo e recursos necessários dependerão da capacidade do cliente e de sua boa vontade em cooperar. O negociador deve fazer uma estimativa das qualificações do cliente a fim de executar as tarefas de projeto que dependem dele. Os resultados dessa avaliação do cliente devem ser documentados em *perfil do cliente.*

### Etapa 3 – Criar uma estrutura WBS (Work Breakdown Structure)

Um pedido de cliente WBS é criado de modo usual, com uma exceção importante. Os pacotes de trabalho do pedido WBS serão retirados da biblioteca de fragnet. Se não houver nada semelhante a esse pacote de trabalho em particular, isto é, se ele for um pacote de trabalho novo, então o projeto fragnet deve ser criado com a ajuda do pessoal do escritório de projeto. O WBS de projetos anteriores deve ser usado como modelo se pedidos semelhantes tiverem sido feitos antes. Esses modelos devem ser desenvolvidos pelo escritório de projeto.

### Etapa 4 – Criar um modelo de projeto por computador para execução do pedido

O modelo de projeto por computador para execução do pedido é criado pela introdução de projetos fragnet em vez de pacotes de trabalho no nível de pedido WBS mais baixo. Os volumes de trabalho das atividades fragnet devem ser modificados de acordo com a especificação do pedido. O modelo criado conterá atividades, recursos, custos, materiais exigidos e todas as outras informações que serão necessárias para o pedido. Os bancos de dados de projeto devem ser usados para atualizar a informação que pode estar obsoleta na biblioteca de fragnet.

### Etapa 5 – Enviar o modelo de projeto do processo do pedido e o perfil do cliente para o escritório de projeto

O modelo de projeto por computador para o processo do pedido criado, junto com o perfil do cliente, deve ser enviado para o escritório de projeto para verificação e inclusão no portfolio de modelos por computador.

**Etapa 6 – Simular o processo do pedido**

O modelo para o processo do pedido é verificado e incluído no portfolio de modelos de projeto por computador. Vários pedidos podem precisar dos mesmos recursos, e então este modelo é um modelo multiprojeto. O gestor multiprojeto determinará qual a prioridade do pedido, que será usada para resolver conflitos se os mesmos recursos forem necessários para executar as atividades dos diferentes pedidos. A simulação multiprojeto é então usada para produzir as datas programadas e os custos de cada pedido, e procede de acordo com a disponibilidade de recursos, o planejamento dos suprimentos e quaisquer restrições financeiras que possam ser aplicadas.

**Etapa 7 – Adicionar reservas de contingência**

O custo da atividade e as estimativas de duração serão provavelmente os aspectos mais considerados. A simulação do risco consome tempo e assim, para os casos simples em que os projetos são curtos e baratos, a melhor maneira de bancar os custos é simplesmente acrescentando reservas de contingência para os dados programados, com base na informação inicial. Dessa maneira, a data e o custo de cada pedido devem ser definidos de acordo com as datas programadas e as reservas de contingência adicionadas aos custos. A quantidade de reservas é definida como uma porcentagem dos custos do projeto calculados e da duração, com base na experiência anterior e nas estatísticas do escritório de projeto que se refletem nos dados iniciais.

**Etapa 8 – Definir o preço e as datas de processo do pedido**

Os resultados da simulação do pedido por computador são usados para estabelecer o preço e a data de entrega do pedido. Se o preço e o custo de processo do pedido forem aceitáveis para o cliente, então as datas e os custos definidos são incluídos no modelo multiprojeto por computador.

Essa abordagem, com o uso de bancos de dados de projetos, fragnets semelhantes e modelos WBS, permite a criação muito rápida de modelos confiáveis de processo dos pedidos.

## Informação sobre a programação do processo do pedido

A programação do processo do pedido é calculada levando-se em consideração os recursos multiprojetos, os suprimentos e as restrições financeiras. A Spider Project fornece uma equipe de projeto para processamento do pedido com a programação do projeto e as informações necessárias para gestão de desempenho do pedido:

## Reserva de tempo para desempenho das atividades

A reserva de tempo para desempenho das atividades e o período de tempo pelo qual a execução de uma atividade pode ser adiada sem atraso de nenhuma data-alvo são distintos do que é normalmente chamado de folga total (total float) porque a maior parte dos pacotes de software de gestão de projetos calcula a folga total sem considerar o recurso, o suprimento e as limitações financeiras. Conseqüentemente, o tempo de folga total teórico não pode se basear na gestão de projetos do mundo real. As reservas de tempo da atividade são calculadas considerando-se restrições existentes com relação à disponibilidade das pessoas, às ferramentas e equipamentos, materiais e fornecedores e dinheiro com o qual pagar. A reserva de tempo para desempenho das atividades são similares aos feeding buffers (pulmões de convergência) descritos na teoria da Cadeia Crítica de Goldratt.[1]

## Resource Critical Path

O Resource Critical Path (RPC) irá incluir atividades que têm reservas de tempo iguais a zero. Os atrasos na execução dessas atividades resultarão em atrasos nas datas de entrega de alguns pedidos, embora não necessariamente do pedido do qual elas façam parte. O Resource Critical Path é similar à Cadeia Crítica de Goldratt.

## Atribuições de recursos críticos

As atribuições de recursos críticos são aquelas que não podem sofrer atraso sem também atrasar a saída de alguns pedidos do cliente. Essas atribuições críticas definem recursos críticos. Pode haver diferentes recursos críticos em diferentes estágios da execução do pedido. Na teoria da Cadeia Crítica há uma suposição de que só há um recurso crítico, que é chamado de recurso "tambor" (drum resource). Na prática, no entanto, há normalmente diferentes recursos críticos em diferentes fases do projeto.

## Reserva de contingência do pedido

A reserva de contingência do pedido é o tempo adicionado à data calculada para entrega do pedido a fim de garantir que a data de entrega prometida seja atendida,

1 GOLDRATT, Eliyahu. *Criticas chain.* Great Barrington, Massachusetts: The North River Press, 1997.

mesmo que riscos conhecidos possam ocorrer. Na teoria da Cadeia Crítica esta reserva é chamada de project buffer.

## Abordagem probabilística para planejamento do processo do pedido

A abordagem descrita anteriormente não inclui o nível de gestão de risco completa que deve ser usada se os projetos forem complexos, caros, demorados e precisarem de uma coordenação de recursos confiável e precisa. Quando isso ocorre, simplesmente adicionar reservas de contingência às datas e custos planejados não é suficiente. Em vez disso, essas reservas devem ser completamente calculadas e gerenciadas. A gestão deve obter estimativas confiáveis dos resultados finais e provocar a aplicação de ações corretivas quando elas forem eficazes. Isso pode ser obtido com o Success Driven Project Management (SDPM), uma tecnologia que será descrita posteriormente.

O SDPM integra o âmbito do projeto, a programação e as informações sobre os recursos e os riscos para uma gestão de projetos eficiente e para a tomada de decisões. Ele tem uma longa história de sucesso de implementação em projetos de pequena e grande escala na Rússia. O SDPM é baseado no uso de um conjunto de indicadores que avalia o desempenho do projeto e faz uma previsão confiável dos seus resultados. Esta metodologia tem atualmente o suporte de ferramentas de software comprovadas que são capazes de oferecer à equipe de gestão de projetos as informações a seguir:

1. Durante o estágio de planejamento do projeto:
   a) Datas-alvo do projeto, custos e materiais necessários que refletem a probabilidade de sucesso definida pelo usuário.

b) A probabilidade de atingir as metas do projeto ou da fase (âmbito, tempo, custo e materiais necessários) para datas e custos especificados pelo usuário.
c) Tempo, custo e reservas de contingência de material que devem ser determinados para favorecer o alcance das metas do projeto com uma probabilidade especificada ou sugerida.

2. Durante a execução e o controle:
   a) A probabilidade atual de atingir várias metas do projeto.
   b) As tendências de probabilidade de sucesso que podem ser usadas para determinação de ações corretivas necessárias (é bom mencionar que essas tendências dependem não apenas do desempenho do projeto, mas também das mudanças das características de risco do projeto).
   c) Reservas de contingência atuais.

O SDPM é baseado na simulação de risco do projeto e, portanto, é necessário coletar informações (estimativas probabilísticas dos custos de atividade do projeto, duração, a probabilidade, o custo, o impacto do tempo ou eventos de riscos potenciais que possam ser identificados) necessárias para a simulação dos eventos de risco e incertezas.

## Ferramentas adicionais

O SDPM requer um suporte contínuo de várias ferramentas adicionais que contribuem substancialmente para sua eficácia.

## Bancos de dados da companhia

Os bancos de dados de projetos criados para a aplicação da tecnologia SDPM devem conter não apenas as estimativas mais prováveis, como na abordagem determinística, mas também as estimativas otimistas e pessimistas de todos os parâmetros do projeto. Isso significa que a quantidade de dados coletadas para planejamento do projeto será triplicada.

## Lista de verificação de riscos

A lista de riscos que deve ser levada em consideração no planejamento do processo do pedido é elaborada pela função de metodologia do escritório de projetos. Os riscos que devem ser considerados em qualquer projeto dependem da natureza das características do produto ou serviço que o cliente pediu e de outras necessidades, exigências e qualificações do cliente. As instruções para escolher os riscos que devem ser considerados no processo de gestão de pedido são desenvolvidas e elaboradas pelo escritório de projetos.

## Biblioteca de fragnet

Os dados contidos na biblioteca de fragnet também são triplicados. Os fragnets que correspondem aos cenários "otimista", "mais provável" e "pessimista" da execução do pedido são usados para a criação das versões de projeto "otimista", "mais provável" e "pessimista". Fragnets adicionais que simulam a execução das ações de resposta ao risco devem ser criados e incluídos na versão de projeto "mais provável", se a probabilidade do evento de risco ultrapassar 50%, ou na versão de projeto "pessimista", se a probabilidade for menor.

Na Figura 7.2 é possível ver a versão "pessimista" do fragnet edição, que inclui a edição atual e a verificação, no caso de o autor não estar satisfeito com a primeira edição do livro. Além disso, a produtividade estimada dos editores e autores escolhidos é mais baixa.

## Planejamento do projeto de processo do pedido probabilístico

As etapas para criação de um modelo por computador do projeto de execução do pedido são similares àquelas descritas para a abordagem determinística. Há, no entanto, várias etapas adicionais necessárias para o desenvolvimento de um plano de projeto probabilístico:

| Nome | Volume | Unidade de volume | Produtividade | Unidade de produto | Duração, horas |
|---|---|---|---|---|---|
| **Edição** | | | | | **120.7** |
| Receber o texto | 1.0 | | | | |
| Escolher os editores | 1.0 | | | | 16.0 |
| Informar os editores | 1.0 | | | | 2.0 |
| Receber a informação | 1.0 | | | | |
| Enviar o texto | 1.0 | | | | 1.0 |
| Edição | 100.0 | páginas | | | 55.6 |
| Editores | | | | | |
| Editor 1 | 100.0 | | 2.0 | p/h | 55.6 |
| Receber texto editado | 1.0 | | | | |
| Enviar para os autores | 1.0 | | | | 1.0 |
| Verificar | 100.0 | páginas | | | 25.0 |
| Autor | 100.0 | | 5.0 | p/h | 25.0 |
| Verificação recebida | 1.0 | | | | |
| Enviar o texto 2 | 1.0 | | | | 2.0 |
| Edição 2 | 20.0 | páginas | | | 11.1 |
| Editores | | | | | |
| Editor 1 | 20.0 | | | | 11.1 |
| Receber texto editado 2 | 1.0 | | | | |
| Enviar para os autores 2 | 1.0 | | | | 2.0 |
| Verificar 2 | 20.0 | páginas | | | 5.0 |
| Autor | 20.0 | | | | 5.0 |
| Verificação recebida 2 | 1.0 | | | | |

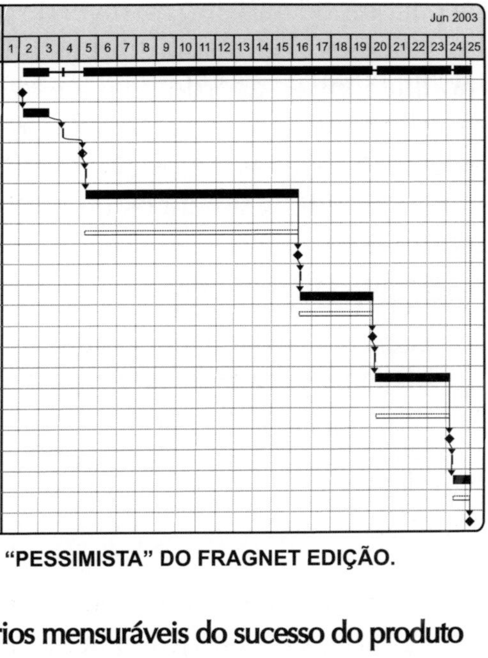


**FIGURA 7.2 - VERSÃO "PESSIMISTA" DO FRAGNET EDIÇÃO.**

### Etapa 1 – Definir critérios mensuráveis do sucesso do produto

Estes critérios devem ser negociados com o cliente e aprovados por ele.

### Etapa 2 – Avaliação do cliente

O negociador deve estimar e incluir no perfil do cliente os riscos que estão associados com o cliente atual.

### Etapa 3 – Criar uma estrutura WBS (Work Breakdown Structure)

O WBS deve ser criado não apenas para a versão de projeto "mais provável", mas também para as versões "otimista" e "pessimista" (cenários). O WBS das versões "otimista", "mais provável" e "pessimista" do projeto de execução do pedido pode ser diferente.

### Etapa 4 – Criar um modelo por computador do projeto de execução do pedido

Um modelo por computador do projeto de execução do pedido é criado pela introdução de projetos fragnet em vez de pacotes de trabalho no nível de pedido WBS mais baixo. Os volumes de trabalho das atividades fragnet devem ser modificados de acordo com a especificação do pedido. O modelo criado conterá atividades, recursos, custos, materiais exigidos e todas as outras informações que serão necessárias para o pedido. Os bancos de dados de projeto devem ser usados para atualizar a informação que pode estar obsoleta na biblioteca de fragnet.

### Etapa 5 – Enviar o modelo de projeto do processo do pedido e o perfil do cliente para o escritório de projeto

O modelo por computador do projeto do processo do pedido criado, junto com o perfil do cliente, deve ser enviado para o escritório de projeto para verificação e inclusão no portfolio de modelos por computador.

### Etapa 6 – Simular o processo do pedido

O modelo para o processo do pedido é verificado e incluído no modelo multiprojeto por computador correspondente ("otimista", "mais provável" e "pessimista"). O gestor multiprojeto determinará não apenas a prioridade do pedido, mas também a probabilidade desejada para atingir as metas do pedido no tempo e dentro do orçamento. A programação multiprojeto e a simulação de riscos produzem as datas planejadas e os custos do processo do pedido de acordo com a disponibilidade de recursos, a programação dos suprimentos, as restrições financeiras e as reservas de contingência necessárias definidas pelas probabilidades de entrega do pedido em tempo e dentro do orçamento desejadas. Os custos calculados e as datas de entrega do pedido formam a base para as negociações de contratos.

**Etapa 7 – Negociações**

As datas e os custos sugeridos da entrega do pedido podem ser alterados durante as negociações do contrato. A simulação por computador irá fornecer aos negociadores a informação sobre a probabilidade de processamento do pedido para qualquer data desejada e dentro de qualquer orçamento pretendido.

**Etapa 8 – Definir o preço e as datas do processo do pedido**

Se o preço for factível e as datas de entrega dos pedidos estiverem de acordo, com as probabilidades de sucesso calculadas altas o suficiente, então eles serão o preço e as datas-alvo para o pedido negociado. Durante a execução do projeto, o gestor irá monitorar as tendências das probabilidades de sucesso. A programação do projeto e do orçamento será estabelecida com reservas suficientes para garantir a conclusão em uma probabilidade especificada pelo cliente ou responsável. Durante a execução do projeto, a probabilidade de sucesso computada deve variar do valor inicial, de menos de um, na direção de uma probabilidade de valor um, ou certeza. O movimento negativo da probabilidade computada, ou o movimento positivo mais lento do que o progresso do projeto real, é a indicação de que o projeto precisa de uma ação corretiva.

A abordagem probabilística é mais difícil do que a abordagem determinística, requer mais informação e deve ser usada somente para pedidos caros, demorados e associados com mais incertezas e riscos. O planejamento do processo do pedido leva mais tempo, porém é muito mais confiável e resulta num preço e numa duração de processo do pedido que são mais competitivos. A simulação de risco mostra as reservas de contingência que precisam realmente ser aplicadas e, desse modo, a companhia de customização em massa pode definir um preço que a torne rentável e competitiva.

## Informação sobre a programação do processo do pedido

Além das datas planejadas das atividades de projeto do processo do pedido, do Resource Critical Path e das atribuições de recursos críticos, o SPDM fornece à equipe de gestão de projetos as informações a seguir, úteis para a gestão da programação do projeto:

### Probabilidade de alcançar datas e custos-alvo para o projeto

Essas datas e custos devem ser definidos não só para a entrega do pedido, mas também para os indicadores do projeto principal.

### Reservas de contingência de qualquer atividade de projeto

A atividade de reserva de contingência é calculada como a diferença entre as datas de execução da atividade na programação-alvo e na atual. A programação-alvo é a programação anterior, com a duração mais provável da atividade, que usa datas-alvo como datas finais do projeto ou da fase.

A Figura 7.3 mostra as datas-alvo e o custo de edição de um livro de cem páginas, suas probabilidades e as reservas de contingência para as datas iniciais da atividade fragnet. Note que a programação nesta figura é "otimista". Na próxima seção, discutiremos quais versões de projeto devem ser usadas para gestão do processo do pedido.

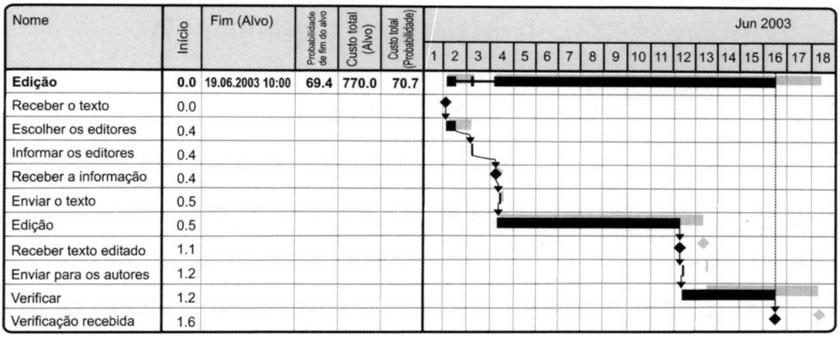


**FIGURA 7.3 - PROGRAMAÇÃO-ALVO, DATAS-ALVO, CUSTO E START BUFFERS DO FRAGNET EDIÇÃO.**

# Planejamento de recursos

Nas seções anteriores deste capítulo, descrevemos o andamento do planejamento de processo de um pedido único no ambiente multiprojeto. A customização em massa requer o processamento de múltiplos pedidos com velocidade razoável. O objetivo do planejamento de recursos é determinar o número de recursos de cada tipo que devem ser usados para satisfazer os requisitos de um cliente em potencial. Esses requisitos incluem a qualidade, o custo e a velocidade dos processos de pedidos. Para resolver essas questões, a empresa deve ser capaz de prever o número dos diferentes pedidos de cliente que provavelmente estarão presentes em alguma ocasião no futuro. O departamento de marketing deve produzir essas previsões. Assim como em outros casos, o gestor multiprojeto deve receber as estimativas "otimista", "mais provável" e "pessimista" da demanda de mercado. A simulação por computador irá mostrar o número ideal de recursos de cada tipo que são necessários para satisfazer a demanda dos clientes em qualquer período de tempo com a probabilidade predefinida. Esses resultados devem ser usados para criar o plano de staff da companhia.

## Gestão de desempenho

Em qualquer ambiente, e especialmente no ambiente da customização em massa, a determinação dos indivíduos e das equipes para atender às expectativas pode desaparecer com o tempo. Uma ferramenta eficaz para resgatar o entusiasmo é um sistema de medida eficaz, junto com o reconhecimento apropriado e os sistemas de recompensa.

## Definindo tarefas para os implementadores do projeto

No ambiente da customização em massa, recomendamos o uso de versões de projeto "otimistas" para definir metas de tarefa para os implementadores de projeto, enquanto as reservas de contingência calculadas podem ser usadas pela equipe de gestão do pedido em seu trabalho. A razão para esta recomendação é que, se o executor tem cinco dias para concluir uma tarefa que poderia ter sido feita em três, então as chances de obter os resultados antes de cinco dias são muito baixas. As chances de obter os resultados em cinco dias também são baixas. Para muitas pessoas, é natural começar o trabalho no último momento, e os dois dias de reserva de contingência que poderiam ser necessários serão perdidos.

## Controle do desempenho

Os dados de desempenho são coletados por gestores de desempenho de pedido, e os planos de desempenho do pedido são atualizados com regularidade. Há dois métodos para se medir o desempenho: a análise de tendência de probabilidade e a análise de valor agregado. A análise de valor agregado compara o custo orçado da programação do trabalho, o custo orçado do trabalho realizado e o custo real do trabalho realizado.

A análise de valor agregado é muito utilizada e é aplicável à abordagem determinística de programação do projeto. Há diversas publicações que descrevem a gestão de valor agregado.

A análise de tendência de probabilidade de sucesso é usada com a abordagem probabilística para uma simulação do projeto por computador. As tendências das probabilidades de sucesso irão mostrar ao gestor de projeto quando e onde uma ação corretiva é necessária. O valor da probabilidade de sucesso mostra o status do projeto atual de maneira mais significativa do que qualquer outro parâmetro de projeto. Isso ocorre porque as mudanças na probabilidade de sucesso podem resultar não apenas do desempenho, mas também das mudanças nos atributos de risco do projeto.

O gestor multiprojeto talvez decida mover recursos de um projeto para ouro, se necessário. Esta decisão pode ser tomada sem efeito adverso na motivação da equipe do projeto. No entanto, se for necessário desenvolver novas regras de trabalho que permitam que os membros da equipe se identifiquem com o empreendimento, e não com o projeto, melhor.

## Fechamento do pedido

O fechamento adequado do processo do pedido é muito importante para intensificar a capacidade da customização em massa. A análise pós-projeto do desempenho do pedido, conduzida pela equipe responsável pelo pedido, é usada para bancos de dados de projetos preenchidos, para a biblioteca de fragnet, para as listas de verificação de riscos, para as bases de dados dos clientes e para os bancos de dados dos membros da equipe. Desse modo, a organização cria uma memória do empreendimento que produz uma melhoria contínua tanto na estimativa como na performance, bem como na geração de novas capacidades para customização de produtos. Sem os fechamentos de pedido adequados, as organizações tenderão a repetir os mesmos erros continuamente.

CAPÍTULO 8

# CONCLUSÃO

Este livro reúne o trabalho de cinco indivíduos muito diferentes. Viemos de diferentes culturas e religiões e temos experiências educacionais e profissionais muito distintas. Para o desenvolvimento do livro passamos por um processo de concordar e discordar até chegarmos a um consenso. Raramente conseguimos a unanimidade. Não chegamos a um acordo sobre se a customização em massa é o destino ou se apenas um cenário no caminho do desenvolvimento econômico. Concordamos, no entanto, que ela não é apenas outro modismo na área de gestão que surge e desaparece em poucos anos. É um fenômeno que merece atenção, estudo e descrição, e essas foram nossas metas.

Se chegar a um acordo sobre se o que vemos hoje foi difícil, fazê-lo com relação ao futuro é muito mais problemático. As forças que convergiram para criar a customização em massa podem continuar a reforçar o que observamos. Por outro lado, elas podem começar, e podem mesmo já ter começado, a divergir e nos afastar da customização em massa. A lição do livro *Megamistakes*[1], mencionada em nosso Prefácio, não deve ser ignorada. O futuro ainda não é conhecido.

1 SCHNAARS, Stephen P. *Megamistakes: forecasting and the myth of rapid technological change.* Nova York: The Free Press, 1989.

Oferecemos várias hipóteses que consideramos prováveis no desenvolvimento futuro. Nossas especulações são baseadas no que aconteceu no passado, no que está acontecendo agora e nas tendências identificadas que apontam para o que esses eventos talvez representem. Apesar de uma história recente repleta de mudanças descontínuas, seguimos a tradição consagrada pelo tempo de presumir que o passado antecipa e prediz o futuro. Esperamos que nossos leitores consigam, no futuro, entender a limitação das informações disponíveis.

## PREVISÕES

A eliminação do sacrifício do cliente continuará a impulsionar este fenômeno porque a customização em massa torna os clientes mais afluentes, mais individualizados e mais exigentes. Nossa habilidade em ouvir a voz do cliente e de interpretar corretamente o que ouvimos ainda é primitiva. Desenvolveremos novas técnicas de elaborar e responder a questões que alcancem o modo de pensar e o sentimento mais profundo do indivíduo.

O projeto modular provavelmente irá prosperar, contanto que o capitalismo e a competição econômica se tornem hábeis para selecionar e escolher entre os concorrentes desejáveis. Nenhum de nós consegue dominar todas as habilidades necessárias mesmo para fazer os novos produtos relativamente simples que estão disponíveis hoje. Uma nova geração de produtos irá ampliar o conhecimento, as habilidades e a sabedoria de uma massa de colaboradores cada vez maior. O valor surgirá da complexidade, da integração, da diversidade.

A gestão da cadeia de valor será cada vez mais importante à medida que as empresas se tornarem coleções virtuais de entidades independentes, reunidas oportunamente. No fim das contas, é o trabalho individual em colaboração com os outros que cria valor. Como o valor de criar entidades se torna cada vez menor, o valor do indivíduo se torna cada vez maior.

As tecnologias da produção enxuta se tornarão ainda mais enxutas em resposta à demanda sempre crescente pela individualização. Ela terá o suporte de uma engenharia de processos inovadora. O progresso notável que já foi obtido na produção se refletirá na produção de serviços. O futuro recompensará a simplicidade nas reuniões de treinamento, educação, entretenimento, viagens, comunicação e serviços financeiros, entre outros, que são customizados para atender às necessidades dos indivíduos.

A organização do processo e o fortalecimento das equipes fez com que o sonho de Karl Marx de uma sociedade sem classes ficasse ao nosso alcance. Os meios de produção existem agora entre um par de orelhas, na mente das pessoas, e cada um de nós os possui. Nosso bem-estar baseia-se na habilidade de trabalhar em colaboração com nossos clientes e fornecedores, com as pessoas que estão a nossa volta e no mundo todo.

Certamente as habilidades e os sistemas de integração de todas essas forças para que usem sua energia produtiva estarão no centro das ações. As principais restrições ao progresso não são os limites de recursos, mas sim nossa habilidade de alocar efetivamente os recursos disponíveis a fim de atender às necessidades de nossa população. Quando houver fome, não será devido à escassez nas fazendas, mas sim à nossa falha ao organizar e coordenar a produção e a entrega de alimento para atender às necessidades das pessoas.

Estamos confiantes de que identificamos um modelo de negócio que é um sério candidato a substituir a produção em massa enquanto fonte dominante de riqueza. Estamos confiantes de termos identificado seis competências que são necessárias atualmente para participar desse modelo.

Este livro é uma tentativa de descrever o que observamos e de determinar o que isso pode significar. A mensagem de *Customização em massa* é ao mesmo tempo esperançosa e desconcertante.

A mensagem é esperançosa porque a customização em massa representa desafios e oportunidades, porque ela reflete uma força de trabalho mais inteligente e bem formada e porque ela nos deixa mais próximos de nossos fornecedores e oferece aos clientes mais satisfação. A mensagem é esperançosa porque a customização em massa parece se aplicar a uma grande variedade de negócios, cujo limite é apenas nossa imaginação. É esperançosa porque abre as portas a incontáveis inovações tecnológicas. É esperançosa porque libera os trabalhadores de seus limites organizacionais tradicionais, restrições disciplinares e rotinas monótonas. É esperançosa porque encoraja os clientes a antecipar a realização de suas esperanças. É esperançosa porque a customização em massa conhece a dignidade dos indivíduos como condutores últimos da atividade econômica, senhores tanto da produção quanto do consumo, e das forças criativas do progresso.

A mensagem de *Customização em massa* é desconcertante porque a customização em massa representa uma ruptura e o esforço para dominar novas habilidades e novos processos. A mensagem é desconcertante porque enfatiza nossas diferenças, nossa ignorância e nossa necessidade de desenvolver modos mais eficazes de comunicação e compreensão. É desconcertante porque a customização em massa nos libera das instituições familiares, estruturas e autoridades que têm dado direção e propósito às nossas vidas. É desconcertante porque, como outras evoluções, irá separar os sobreviventes daqueles em extinção. O mundo que conhecemos criou esta nova realidade, mas não nos preparou para ela. A customização em massa já está desgastando o solo em que pisamos e nos forçando a procurar novas ancoragens num mar de mudanças.

Logo no início de seu desenvolvimento, a customização em massa provocou voltas e reviravoltas que não pudemos prever. Henry Ford não poderia ter previsto a internet. Frederick Taylor não poderia ter previsto o engenheiro de software. A tecnologia, a política, a guerra, a paz e a natureza desempenharão um papel importante nessa evolução. Nada, no entanto, trará mais energia dinâmica a ela do que a criatividade do intelecto humano, liberada por este modelo para ser colaborativa, inovadora e individual.

# BIBLIOGRAFIA


AKIYAMA, K. *Function analysis: systematic improvement of quality and performance.* Massachusetts: Cambridge, Productivity Press Inc., 1991.

ALDERFER, C. P. *Existance, relatedness and growth: human needs in organizational settings.* Nova York: The Free Press, 1972.

BRADLEY, Stephen P; NOLAN, Richard L. *Sense & respond: capturing value in the network era.* Boston: Harvard Business School, 1998.

BRANDERBURGER, Adam M.; NALEBUFF, Barry. *Co-opetition: 1. A revolutionary mindset that redefines competition and cooperation; 2. The game theory strategy that´s changing the game of business.* Nova York: Doubleday, 1997.

BUCKINGHAM, Marcus; COFFMAN, Curt. *First, break all the rules: what the world´s greatest managers do differently.* Nova York: Simon & Schuster, 1999.

________. *Now, discover your strenghts.* Nova York: The Free Press, 2001.

CONLON, John K; GIOVAGNOLI, Melissa. *The power of two: how companies of all sizes can build alliance networks that generate business opportunities.* São Francisco: Jossey-Bass Publishers, 1998.

COOPER, Robert G. *Winning at new products: accelerating the process from idea to launch.* Massachusetts: Addison-Wesley Publishing Company, Reading, 1993.

________. *Product Leadership: creating and launching superior new products.* Massachusetts: Perseus Books, Reading, 1998.

CREASY, R. *Functional analysis system technique manual.* Illinois: Society of American Value Engineers, Northbrook, 1973.

DAVENPORT, Thomas H.; PRUSAK, Laurence. *Working knowledge: how organizations manage what they know.* Boston: Harvard Business School Press, 1998.

DAVIDOW, William H.; MALONE, Michael S. *The virtual corporation: structuring and revitalizing the corporation for the 21st. century.* Nova York: Harper Business, 1992.

FERN, Edward J. *Time-to-profit project management: a primer for project managers in commercial product development.* Califórnia, Mission Viejo: Time-to-Profit, 1999.

FINE, Charles H. *Clockspeed: winning industry control in the age of temporary advantage.* Massachusetts: Perseus Books, Reading, 1998.

FINGAR, Peter; KUMAR, Harsha; SHARMA, Tarun. *Enterprise e-commerce.* Flórida, Tampa: Maghan-Kiffer Press, 2000.

GALBRAITH, Jay R. *Designing organizations: an executive guide to strategy, structure and process.* rev. São Francisco: Jossey-Bass, 2001.

GENTILE, Mary C. (ed.). *Differences that work: organizational excellence through diversity.* Boston: Harvard Business School Press.

GILMORE, James; PINE, B. Joseph (eds.). *Markets of one: creating customer-unique value through mass customization.* Boston: Harvard Business School Press, 2000.

GODIN, Seth; PEPPERS, Don. *Permission marketing: turning strangers into friends, and friends into customers.* Nova York: Simon & Schuster, 1999.

GOLDMAN, Steven L.; NAGEL, Roger N.; PREISS, Kenneth. *Agile competitors and the virtual organization: strategies for enriching the customer.* Nova York: Van Nostrand Reinhold, 1995.

GOLDRATT, Eliyahu. *Critical chain.* Massachusetts, Great Barrington: The North River Press, 1997.

GRAHAM, Robert J.; ENGLUND, Randall L. *Creating an environment for successful projects: the quest to manage project management.* São Francisco: Jossey-Bass Publishers, 1997.

HAGEL, John III; SINGER, Marc. *Net worth.* Boston: Harvard Business School Press, 1999.

HAGEL, John III; ARMSTRONG, Arthur G. *Net gain: expanding markets through virtual communities.* Boston: Harvard Business School Press, 1997.

HAMEL, Gary; PRAHALAD, C. K. *Competing for the future.* Boston: Harvard Business School Press, 1994.

HAMMER, Michael; CHAMPY, James. *Reengineering the corporation: a manifesto for business revolution.* Nova York: Harper Business, 1993.

HARGROVE, Robert. *Mastering the art of collaboration.* Nova York: McGraw Hill, 1998.

HURST, David K. *Crisis & renewal: meeting the challenge of organizational change.* Boston: Harvard Business School Press, 1995.

IANSITI, Marco. *Technology integration: making critical choices in a dynamic world.* Boston: Harvard Business School Press, 1998.

IMAI, Masaaki. *Kaizen: the key to Japan´s competitive success.* Nova York: McGraw-Hill Publishing Company, 1986.

LAFASTO, Frank M. J.; LARSON, Carl E. *When teams work best: 6.000 team members and leaders tell what it takes to succeed.* Califórnia, Thousand Oaks: Sage Publications, 2001.

LEONARD, Dorothy. *Wellsprings of knowledge: building and sustaining the sources of innovation.* Boston: Harvard Business School Press, 1995.

LEWIS, James P. *Team-based project management.* Nova York: Amacom, 1998.

MANKIN, Don; COHEN, Susan G., BIKSON, Tora K. *Teams and technology: fulfilling the promise of the new organization.* Boston: Harvard Business School Press, 1996.

MARQUARDT, Michael; REYNOLDS, Angus. *The global learning organization: gaining competitive advantage through continous learning.* Illinois, Burr Ridge: Irwin Professional Publishers, 1994.

MASLOW, A. H. *Motivation and personality.* Nova York: Harper and Row, 1970.

MAXWELL, John. C. *The 17 essential qualities of a team player: becoming the kind of person every team wants.* Tennessee, Nashville: Thomas Nelson, 2002.

MACGRATH, Michael E. *Product strategy for high technology companies.* Nova York: McGraw-Hill, 2001.

MACGREGOR, Douglas. *The human side of enterprise.* Nova York: McGraw-Hill, 1960.

MOORE, Geoffrey A. *Crossing the chasm: marketing and selling high-tech products to mainstream customers.* Nova York: Harper Business, 1989.

MOORE, Geoffrey A. *Inside the tornado: marketing strategies from Silicon Valley´s cutting edge.* Nova York: Harper Business, 1995.

NAISBITT, John. *Megatrends: ten new directions transforming our lives.* Nova York: Warner Publications, 1982.

OSENTON, Tom. *Customer share marketing, how the world´s great marketers unlock profits from customer loyalty.* Nova York: Prentice Hall, 2002.

PARK, Richard J. *Value engineering: a plan for invention.* Flórida, Boca Raton: CRC Press – St. Lucie Press, 1998.

PEPPERS, Don; ROGERS, Martha. *Enterprise one to one: tools for competinf in the interactiva age.* Nova York: Doubleday Currency, 1997.

PINE, B. Joseph; DAVIS, Stan; PINE II, B. Joseph: *Mass customization: the new frontier in business competition.* Boston: Harvard Business School Press, 1999.

PRITCHET, Lou. *Stop padling & start rocking the boat: business lessons from the school of hard knocks.* Nova York: Harper Business, 1995.

PROJECT MANAGEMENT INSTITUTE, Standards Committee. *A guide to the project management body of knowledge*. Pensilvânia, Newton Square: Project Management Institute, 1996.

RIDDERSTRALE, Jonas; NORDSTROM, Kjell. *Funky business*. Londres: Financial Times Prentice Hall, 2000.

SCHMIDT, Bernard H. *Experiential marketing: how to get customers to sense, feel, think, act and relate to your company and brands*. Nova York: The Free Press, 1999.

SCHNAARS, Stephen P. *Megamistakes: forecasting and the myth of rapid technological change*. Nova York: The Free Press, 1989.

SHERMAN, Howard; SCHULTZ, Ron. *Open boundaries: creating business innovation through complexity*. Massachusetts: Perseus Books, Reading, 1998.

STACEY, Ralph D. *Managing the unknowable: strategic boundaries between order and chaos in organizations*. São Francisco: Jossey-Bass Publishers, 1992.

________. *Complexity and creativity in orgnizations*. São Francisco: Berrett-Koehler Publishers, 1996.

STALK, George Jr.; HOUT, Thomas M. *Competing against time: how time-based competition is reshaping global markets*. Nova York: Free Press, 1990.

PETER, Senge. *The fifth discipline: the art & practice of the learning organization*. Nova York: Doubleday Currency, 1990.

RAJAN, Suni. *Quick response manufacturing: a companywide approach to reducing lead times*. Connecticut, Shelton: Productivity Press, 1998.

TAYLOR, Frederick W. *The principles of scientific management*. Nova York: Harper Bross, 1911.

TOFFLER, Alvin. *The third wave*. Nova York: William Morrow, 1980.

VON BRAUN, Christoph-Friedrich. "The acceleration trap". *Sloan Management Review*. 32, 1, 1990.

VON HIPPLE, Eric. *The sources of innovation*. Nova York: Oxford University Press, 1988.

WALTON, Mary. *The Deming management method*. Nova York: Putnam Publishing Group, 1986.

WILLIAMS, Paul B. *Getting Projects done on time: managing people, time and results*. Nova York: Amacom, 1996.

ZENGER, John H. ; MUSSELWHITE, Ed; HURSON, Kathleen; PERRIN, Craig. *Leading teams: mastering the new role*. Illinois, Burr Ridge: 1994.

# ÍNDICE REMISSIVO

# SOBRE OS AUTORES

**Edward J. Fern** é presidente da Time-to-Profit, empresa de treinamento em gestão de projetos, com serviços nos Estados Unidos e no exterior. Foi diretor de empresas como Sprint, Control Data Corporation, TRW e Infonet Services Corporation.

**Vladimir Liberzon** é diretor da Spider Management Technologies, importante empresa russa de consultoria de gestão de projetos. Atua como consultor de gestão de projetos, conselheiro e instrutor das maiores empresas russas (Ministério da Defesa, Gazprom, Tyumen Oil Company, Departamento de Construção de Moscou).

**Kevin B. McGourty** é vice-presidente da Quantum Leaders, empresa de consultoria em gestão, especializada em assessorar organizações e executivos em períodos críticos de transição. Tem mais de 23 anos de experiência em gestão e tecnologia, trabalhou em empresas startup em várias funções de gestão sênior, incluindo planejamento e estratégias de negócios, marketing, operações, pesquisa & desenvolvimento e engenharia.

**William S. Postma** é consultor e palestrante em gestão de projetos. Trabalhou em projetos e capacidade de gestão, desenvolvendo sistemas de negócio comercial, incluindo hardware e software. Postma leciona gestão de projetos na Universidade da Califórnia, em Irvine, e na Universidade Estadual da Califórnia, em Fullerton.

**Norman S. Wolfe** é presidente da Quantum Leaders, importante empresa de consultoria especializada em assessorar organizações e executivos em períodos críticos de transição. Com mais de 35 anos de atuação em gestão e direção de muitas empresas diferentes, Wolfe é conhecido por formar equipes fortes cujo foco é o estabelecimento de novos níveis de performance.

# DA MESMA COLEÇÃO

## A magia do marketing pessoal

Edmundo Vieira Cortez

Este livro pretende contribuir com as pessoas que buscam os caminhos do autoconhecimento e da reflexão sobre a vida do ponto de vista dos valores humanos. O autor trabalha as diferenças fundamentais entre as pessoas, oferecendo oportunidades para a melhoria dos relacionamentos sociais e profissionais nos mais diversos aspectos. Escrito em forma de diálogo, proporciona uma leitura fluente e de fácil compreensão, como se autor e leitor estivessem num agradável bate-papo.

Descubra *A magia do marketing pessoal* e surpreenda-se com as novas possibilidades de interpretar a vida de forma mais positiva e feliz.

## Negócios em bolsas de valores

Prof. Valdir Lameira

Neste livro, o Prof. Valdir Lameira e seus ilustres autores/colaboradores apresentam as técnicas para a avaliação do mercado de capitais e suas alternativas de investimentos.

Revelam em linguagem acessível os pontos que o investidor deve considerar ao aplicar em títulos e valores mobiliários, convidando-o a conhecer os mecanismos de funcionamento, bem como os eventuais riscos com que se pode deparar quando se decide atuar no mercado de capitais.

As Bolsas de Valores e o mercado de capitais em geral oferecem ao cidadão a oportunidade de participação ativa no processo de desenvolvimento das empresas e da economia. Será, no entanto, o conhecimento desse universo o seu maior aliado no controle e administração dos seus investimentos para gerar os melhores resultados.

Walter Lee Ness, Jr.
*Instituto de Administração e Gerência - PUC- Rio*

## Saiba mais para gastar menos

Elaine Toledo

Se você está sempre reclamando que gasta mais do que ganha, se sua conta bancária está sempre negativa, fique atento, pois você precisa aprender o que é inteligência financeira. Ela é capacidade de diminuir gastos e multiplicar recursos financeiros e consiste em multiplicar antes de gastar. Saiba mais para gastar menos explica que problemas financeiros são resolvidos com inteligência, e não com dinheiro.

## Tempo é lucro

Edward J. Fern

Tempo é Lucro desenvolve o conceito de gerenciamento de projetos para o desenvolvimento de novos produtos, relatando como as empresas devem proceder para identificar as necessidades de seus clientes e introduz a importâcia do conceito dos 10 Ps (Ten-P ParadigmTM).